ÉDITORIAL

JUIN 2025

Vincent Cabanac
prêtre assomptionniste

Mois solennel

Du 8 au 29 juin, quatre dimanches
Pentecôte, Sainte Trinité, Saint-Sacr
saints Pierre et Paul. Occasion unique
saillantes d'un chemin ecclésial. Au
don de l'Esprit vient consolider l'unit
parole, Jésus anticipe ce qu'elle devie
je ne prie pas seulement pour ceux qui sont là, mais encore pour ceux qui, grâce à leur parole, croiront en moi. Que tous soient un » (Jn 17, 20-21a). Le défi est immense et demeure. Nos communautés se sont réjouies de célébrer le Christ ressuscité, d'accueillir des catéchumènes et des nouveaux baptisés, de voir maintenant des jeunes et des adultes confirmés. Comme après les floraisons, le printemps conduit à percevoir les fruits abondants de l'Esprit et de la foi vivante dont témoignent nos assemblées. Par les contacts humains ou par la prière, même si on est isolé, on peut « solenniser » chaque instant, chaque dimanche, afin de demander au Seigneur l'unité des croyants et d'y apporter notre contribution. ■

du temps pascal, le don de l'Esprit vient consolider l'unité de l'Église.

Ma foi d'Africain

Grâce à vos dons effectués au Fonds de solidarité, *Prions en Église* peut développer les outils numériques qui accompagnent *Prions en Église Afrique* et le mensuel *Ma foi d'Africain.*

Aujourd'hui, plus d'un quart des chrétiens dans le monde sont Africains. Pour accompagner les multiples communautés, *Prions en Église Afrique* soutient le développement de *Ma foi d'Africain*, une revue numérique, téléchargeable chaque mois. Ce mensuel de formation chrétienne « veut éclairer la vie de foi des chrétiens africains et répondre à leur désir d'être authentiquement africains et authentiquement chrétiens, explique Jean-Paul Sagadou, rédacteur en chef de *Prions en Église Afrique*. Les lecteurs souhaitent une revue qui utilise le génie culturel africain pour exprimer la parole de Dieu. » Pour que chacun puisse s'approprier les textes bibliques, les différentes rubriques proposent des méditations, des prières, des réflexions théologiques. Cette revue est aussi « une occasion de faire découvrir des théologiens, des exégètes et des pasteurs africains, développe Jean-Paul Sagadou. *Ma foi d'Africain* se veut comme un trait d'union et de communion entre les différentes communautés. » Présent au Burkina Faso, au Togo, au Sénégal, au Mali et au Niger, *Prions en Église Afrique* désire diffuser une version imprimée de *Ma foi d'Africain*. Très attendus par les lecteurs car plus maniables et plus personnels, ces numéros « papier »

DR

veulent aider chaque abonné à « [faire] ressortir le meilleur de [soi] […] pour que naisse cette création africaine qui nous surprend tous », comme l'exprimait le pape François lors du Congrès catholique panafricain (2019). Ce mouvement semble déjà en marche, à en croire Christine Azionon, Gabonaise et fidèle lectrice de *Ma foi d'Africain* : « Depuis que je suis abonnée, je découvre que l'interprétation de la Bible peut être compatible avec un projet de transformation radicale de l'ordre social africain ! » Fier de proposer un service utile et apprécié, *Prions en Église Afrique* poursuit sa mission auprès de l'Église et du continent. ■

Sophie Pelloux-Prayer

LE FONDS DE SOLIDARITÉ

Le Fonds de solidarité aide à financer les éditions locales de *Prions en Église*, en particulier en Afrique. Si vous voulez soutenir ce projet, vous pouvez adresser **vos dons par chèque à l'ordre de Bayard à :** *Prions en Église* – Fonds de solidarité – Bayard – TSA 60007 – 59714 Lille Cedex 9 ou sur https://librairie-bayard.com/je-fais-un-don-pour-prions.html

Prier avec le Saint-Père

Intention universelle du mois de juin 2025

Prions pour que chacun d'entre nous
trouve là consolation
dans une relation personnelle avec Jésus
et apprenne de son cœur
la compassion à l'égard du monde.

Pour vous aider à prier :
www.prieraucoeurdumonde.net

SAINTS ET SAINTES DU MOIS DE JUIN 2025

Xavier Lecœur, journaliste et historien

Chaque jour, l'Église fête plusieurs saints et bienheureux : ceux du calendrier romain, ceux des calendriers diocésains et ceux du calendrier des Églises orientales. Tous les mois, Prions en Église *vous propose d'en découvrir quelques-uns.*

1er juin
St Clair d'Aquitaine
(IVe siècle)
Selon la tradition, il prêcha l'Évangile dans le Sud-Ouest, notamment à Albi, dont il devint le premier évêque. Il subit le martyre à Lectoure (32).

2 juin
St Pothin, ste Blandine et leurs compagnons
(IIe siècle)
Chrétiens de Lyon et de Vienne, martyrs au temps de l'empereur Marc Aurèle.

3 juin
St Kevin
(VIIe siècle)
Cet ermite d'origine royale fonda, près de Dublin, le monastère de Glendalough, dont il fit un centre d'ascétisme réputé. Saint très populaire en Irlande.

4 juin
St François Caracciolo
(1563-1608)
Noble italien, il se fit prêtre et fonda l'ordre des Clercs réguliers mineurs (Caracciolins), dont la vie est à la fois contemplative (adoration du Saint-Sacrement) et active (ministère sacerdotal).

5 juin
Bse Marguerite Lucie Szewczyk
(1828-1905)
Religieuse polonaise, fondatrice de la congrégation des Filles de la Vierge des Douleurs, au service des pauvres, des vieillards et des malades. Béatifiée en 2013.

6 juin
St Marcellin Champagnat
(1789-1840)
« La crainte du péché, la haine du péché a été un sentiment commun à tous les saints », rappelait le fondateur de l'institut enseignant

des Frères Maristes des Écoles.

7 juin
St Mériadec
(VIIe siècle)
Venant après les saints Guénin, Ignoroc, Budoc et Hinguéthen, Mériadec fut l'un des saints évêques qui occupèrent le siège épiscopal de Vannes au VIIe siècle.

8 juin
St Jacques Berthieu
(1838-1896)
Missionnaire jésuite, natif d'Auvergne. Il subit le martyre à Madagascar, après vingt années d'un apostolat mené « d'un cœur large et généreux ».

9 juin
St Ephrem de Nisibe
(306-373)
« La parole de Dieu est un arbre de vie qui, de toutes parts, te tend des fruits bénis », s'émerveillait ce diacre syrien, auteur de superbes hymnes liturgiques. Docteur de l'Église.

10 juin
Bse Diane d'Andalo
(1201-1236)
Première abbesse du couvent dominicain de Sainte-Agnès de Bologne. Elle noua une très belle amitié spirituelle avec le bienheureux Jourdain de Saxe.

11 juin
St Barnabé
(lire page 77)

12 juin
St Gaspard Bertoni
(1777-1853)
Prêtre de Vérone, fondateur d'une congrégation de missionnaires apostoliques (les Stigmatins) dédiés au service des évêques. Canonisé en 1989.

13 juin
Bx Gérard de Clairvaux
(XIIe siècle)
D'abord fasciné par la carrière militaire, il finit par rejoindre son frère cadet Bernard à Cîteaux (21). Il l'aida ensuite à fonder l'abbaye de Clairvaux (10).

14 juin
St Méthode le Confesseur
(vers 790-847)
Ce moine fut emprisonné pendant dix ans pour avoir défendu le culte des icônes. Après la défaite des iconoclastes, il fut nommé patriarche de Constantinople.

15 juin
St Landelin
(625-686)
Un brigand touché

par la grâce ! S'étant converti, il fonda les ermitages de Lobbes, d'Aulne et de Crespin (près de Valenciennes), qui devinrent d'importants centres monastiques.

16 juin
Bse Marie-Thérèse Scherer
(1825-1888).
Il y a deux cents ans naissait cette religieuse suisse qui fonda, avec le père Théodose Florentini, la congrégation hospitalière et enseignante des Sœurs de la charité de la Sainte-Croix. Béatifiée en 1995.

17 juin
St Rainier
(XIIe siècle)
Après une jeunesse frivole, ce troubadour se convertit au Christ, effectua un pèlerinage de pénitence en Terre sainte, puis se retira dans un monastère à Pise, ville dont il est le saint patron.

18 juin
St Grégoire Barbarigo
(1625-1697)
Évêque de Padoue, il appliqua dans son diocèse les dispositions du concile de Trente, en s'inspirant de l'exemple de saint Charles Borromée. Canonisé en 1960.

19 juin
Bse Hélène Aiello
(1895-1961)
« L'eucharistie est la nourriture essentielle de mon existence, la respiration profonde de mon âme », affirmait cette religieuse, fondatrice et mystique, originaire de Calabre. Béatifiée en 2011.

20 juin
St Bain
(VIIe siècle)
Deuxième successeur de saint Omer sur le siège épiscopal de Thérouanne, il résigna sa charge pour devenir abbé de Fontenelle (Saint-Wandrille). Patron de Calais.

21 juin
Bx Jacques Morelle Dupas
(1754-1794)
Ce vicaire de Ruffec (16) est l'un des 64 martyrs des pontons de Rochefort à avoir été béatifié il y a trente ans, en 1995, par saint Jean-Paul II.

22 juin
St Paulin de Nole
(353-431)
« Pour moi l'unique art est la foi, et le Christ est ma poésie », écrivait ce grand lettré bordelais qui, après

sa conversion, fut ermite puis évêque de Nole (Campanie).

23 juin
St Joseph Cafasso
(1811-1860)
Prêtre et professeur de théologie morale à Turin. Il fut le directeur spirituel de saint Jean Bosco, dont il encouragea l'œuvre. Canonisé en 1947.

24 juin
St Jean Baptiste
(Ier siècle)
Aujourd'hui, on fête la naissance du cousin de Jésus, Précurseur du Messie.

25 juin
Bse Marie Lhuilier
(1744-1794)
Cette religieuse augustine de Château-Gontier (53) était un modèle de piété et de dévouement. Ayant refusé de prêter le serment révolutionnaire, elle fut guillotinée.

26 juin
Bx Jacques Ghazir Haddad
(1875-1954)
Religieux capucin, fondateur de la congrégation des Franciscaines de la Croix du Liban. Il était surnommé « le saint Vincent de Paul libanais ». Béatifié en 2008.

27 juin
Bse Maria Pia Mastena
(1881-1951)
Il y a vingt ans, en 2005, le pape Benoît XVI béatifiait cette religieuse italienne, fondatrice de la congrégation enseignante et hospitalière des Sœurs de la Sainte-Face, chargées de « diffuser, réparer et rétablir l'image du doux Jésus dans les âmes ».

28 juin
St Irénée
(vers 130-vers 202)
« La gloire de l'homme, c'est de persévérer dans le service de Dieu », s'exclamait ce grand théologien et évêque de Lyon. Proclamé docteur de l'Église en 2022.

29 juin
St Cassius
(VIe siècle)
Évêque de Narni, près de Pérouse. Saint Grégoire le Grand a fait son éloge, soulignant son courage face aux barbares et sa générosité envers les pauvres.

30 juin
St Martial
(IIIe siècle)
Sans doute originaire d'Orient, il fut le premier évêque de Limoges (87).

Prions avec les textes de la messe

DU 1ER AU 30 JUIN 2025

Dimanche 1er juin, *7e dimanche de Pâques* . . . . **p. 13**
Dimanche 8 juin, *Pentecôte* . . . . **p. 60**
Dimanche 15 juin, *Sainte Trinité* . . . . **p. 108**
Dimanche 22 juin, *Saint-Sacrement* . . . . **p. 153**
Dimanche 29 juin, *Saints Pierre et Paul, apôtres* . . . . **p. 203**

Partagez vos intentions de prière

....

....

....

....

....

....

....

....

....

Envoyez vos intentions de prière à :
Prions en Église, Intentions de prière, 15 boulevard Gabriel Péri, CS 10042 92245 Malakoff Cedex. **Elles seront portées par les pèlerins qui partiront en Roumanie, du 20 au 28 juin 2025.**

DIMANCHE 1ER JUIN 2025

7E DIMANCHE DE PÂQUES

ANNÉE C – COULEUR LITURGIQUE : BLANC

« Que tous soient un. » Jean 17, 21

À tous les chrétiens à travers les âges, Jésus livre sa prière au Père en héritage. Il demande à son Père la grâce de l'unité. Afin que le monde croie qu'il est son envoyé. Pour notre Église et pour le monde, demandons la grâce de l'unité, de la fraternité. Demandons aussi la sérénité du cœur et l'unité dans nos familles. Que l'Esprit de paix, de concorde, de respect, souffle avec force.

RITES INITIAUX

Chant d'entrée (Suggestions p. 260)

OU

Antienne d'ouverture

Écoute, Seigneur, je t'appelle. Mon cœur m'a redit ta parole :
Cherchez ma face. C'est ta face, Seigneur, que je cherche :
ne me cache pas ta face, alléluia. (Ps 26, 7-9)

Suggestion de préparation pénitentielle (ou p. 228)

Frères et sœurs, en ces jours où nous attendons la venue de l'Esprit Saint, préparons-nous à célébrer le mystère de l'eucharistie, en reconnaissant que nous avons péché.

Prends pitié de nous, Seigneur, toi qui nous promets le Saint-Esprit, tu nous appelles à vivre unis les uns avec les autres.

— Nous avons péché contre toi.

Montre-nous, ta miséricorde, ô Jésus, toi qui nous fais connaître l'amour du Père.

— Et donne-nous ton salut.

Que Dieu tout-puissant nous fasse miséricorde ; qu'il nous pardonne nos péchés et nous conduise à la vie éternelle. ***— Amen.***

Gloire à Dieu (p. 231)

Prière

Sois favorable à nos supplications, Seigneur : nous croyons que le Sauveur du genre humain est auprès de toi dans la gloire ; puissions-nous éprouver qu'il demeure avec nous jusqu'à la fin du monde, comme lui-même l'a promis. Lui qui… – ***Amen.***

LITURGIE DE LA PAROLE

Lecture du livre des Actes des Apôtres (7, 55-60)

« Voici que je contemple le Fils de l'homme debout à la droite de Dieu »

En ces jours-là, Étienne était en face de ses accusateurs. Rempli de l'Esprit Saint, il fixait le ciel du regard : il vit la gloire de Dieu, et Jésus debout à la droite de Dieu. Il déclara : « Voici que je contemple les cieux ouverts et le Fils de l'homme debout à la droite de Dieu. » Alors ils poussèrent de grands cris et se bouchèrent les oreilles. Tous ensemble, ils se précipitèrent sur lui, l'entraînèrent hors de la ville et se mirent à le lapider. Les témoins avaient déposé leurs vêtements aux pieds d'un jeune homme appelé Saul. Étienne, pendant qu'on le lapidait, priait ainsi : « Seigneur Jésus, reçois mon esprit. » Puis, se mettant à genoux, il s'écria d'une voix forte : « Seigneur, ne leur compte pas ce péché. » Et, après cette parole, il s'endormit dans la mort. – Parole du Seigneur.

Psaume 96 (97)

℟ ***Le Seigneur est roi, le Très-Haut sur toute la terre !***
OU ***Alléluia !***

♩ = 72

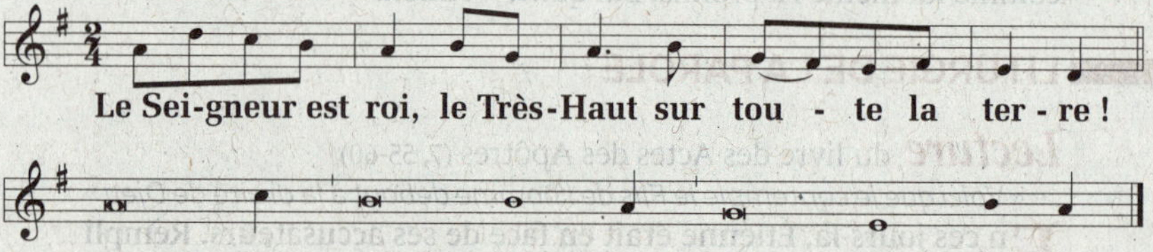

T. : AELF ; M. : T. Ospital ; Éd. : ADF.

Le Seigneur est roi ! Exulte la terre !
Joie pour les îles sans nombre !
Justice et droit sont l'appui de son trône. ℟

Les cieux ont proclamé sa justice,
et tous les peuples ont vu sa gloire.
À genoux devant lui, tous les dieux ! ℟

Tu es, Seigneur, le Très-Haut
sur toute la terre :
tu domines de haut tous les dieux. ℟

Écoutez ce psaume sur
www.prionseneglise.fr/messe-du-dimanche

Lecture de l'Apocalypse de saint Jean (22, 12-14.16-17.20)

« Viens, Seigneur Jésus ! »

Moi, Jean, j'ai entendu une voix qui me disait : « Voici que je viens sans tarder, et j'apporte avec moi le salaire que je vais donner à chacun selon ce qu'il a fait. Moi, je suis l'alpha et l'oméga, le premier et le dernier, le commencement et la fin. Heureux ceux qui lavent leurs vêtements : ils auront droit d'accès à l'arbre de la vie et, par les portes, ils entreront dans la ville. Moi, Jésus, j'ai envoyé mon ange vous apporter ce témoignage au sujet des Églises. Moi, je suis le rejeton, le descendant de David, l'étoile resplendissante du matin. »
L'Esprit et l'Épouse disent : « Viens ! » Celui qui entend, qu'il dise : « Viens ! » Celui qui a soif, qu'il vienne. Celui qui le désire, qu'il reçoive l'eau de la vie, gratuitement.
Et celui qui donne ce témoignage déclare : « Oui, je viens sans tarder. » – Amen ! Viens, Seigneur Jésus !
– Parole du Seigneur.

Acclamation de l'Évangile

Alléluia. Alléluia. Je ne vous laisserai pas orphelins, dit le Seigneur ; je reviens vers vous, et votre cœur se réjouira. ***Alléluia.***

IU 56-65; M. : P. Robert; Bayard Liturgie.

Évangile de Jésus Christ selon saint Jean (17, 20-26)

« Qu'ils deviennent parfaitement un »

En ce temps-là, les yeux levés au ciel, Jésus priait ainsi : « Père saint, je ne prie pas seulement pour ceux qui sont là, mais encore pour ceux qui, grâce à leur parole, croiront en moi. Que tous soient un, comme toi, Père, tu es en moi, et moi en toi. Qu'ils soient un en nous, eux aussi, pour que le monde croie que tu m'as envoyé. Et moi, je leur ai donné la gloire que tu m'as donnée, pour qu'ils soient un comme nous sommes UN : moi en eux, et toi en moi. Qu'ils deviennent ainsi parfaitement un, afin que le monde sache que tu m'as envoyé, et que tu les as aimés comme tu m'as aimé.
« Père, ceux que tu m'as donnés, je veux que là où je suis, ils soient eux aussi avec moi, et qu'ils contemplent ma gloire, celle que tu m'as donnée parce que tu m'as aimé avant la fondation du monde.

« Père juste, le monde ne t'a pas connu, mais moi je t'ai connu, et ceux-ci ont reconnu que tu m'as envoyé. Je leur ai fait connaître ton nom, et je le ferai connaître, pour que l'amour dont tu m'as aimé soit en eux, et que moi aussi, je sois en eux. »

Homélie

Profession de foi *(p. 232)*

Suggestion de prière universelle

Le prêtre :

« Je leur ai fait connaître ton nom. » Avec foi, tournons-nous vers le Christ. Il nous révèle l'amour du Père. Prions-le pour l'Église et pour le monde.

℟ ***Ô Christ ressuscité, exauce-nous.***

Missel noté de l'assemblée 35.32.

Le diacre ou un lecteur :

« Je prie pour ceux qui croiront en moi. » Ô Christ, nous te prions pour les chrétiens baptisés cette année et pour les futurs confirmés. Qu'ils grandissent, jour après jour, dans la conviction d'être aimés à la folie par Dieu. ℟

℟ ***Ô Christ ressuscité, exauce-nous.***

« Afin que le monde sache que tu m'as envoyé. » Ô Christ, nous te prions pour les chrétiens engagés en politique. Qu'ils mettent leurs convictions et leurs compétences au service d'un monde plus humain et plus fraternel. ℟

« Que tous soient un. » Ô Christ, nous te prions pour les familles divisées ou touchées par le chômage, par la maladie. Que l'Esprit du Père les console et leur donne de marcher dans l'espérance et la paix du cœur. ℟

« Je veux qu'ils contemplent ma gloire. » Ô Christ, nous te prions pour notre assemblée réunie en ce jour. Que la foi habite chacun de nos cœurs et nous donne de regarder, confiants, vers les réalités d'en haut. ℟

(Ces intentions seront adaptées ou modifiées selon les circonstances. On peut aussi s'inspirer de l'intention universelle du Saint-Père, p. 6.)

Le prêtre :

Ô Christ ressuscité, tu révèles à tous les hommes l'amour de Dieu ton Père. Exauce nos prières, toi qui vis et règnes pour les siècles des siècles. — ***Amen.***

LITURGIE EUCHARISTIQUE

Prière sur les offrandes

Avec l'offrande de ce sacrifice, accueille, Seigneur, les prières de tes fidèles ; que cette liturgie célébrée avec ferveur nous fasse parvenir à la gloire du ciel. Par le Christ, notre Seigneur. — ***Amen.***

Prière eucharistique (2e préface de l'Ascension)

Vraiment, il est juste et bon, pour ta gloire et notre salut, de t'offrir notre action de grâce, toujours et en tout lieu, Seigneur, Père très saint, Dieu éternel et tout-puissant, par le Christ, notre Seigneur. Car il s'est manifesté après sa résurrection, en apparaissant à tous ses disciples, et, devant leurs yeux, il s'éleva au ciel pour nous rendre participants de sa divinité. C'est pourquoi la joie pascale rayonne par tout l'univers, la terre entière exulte, les puissances d'en haut et les anges dans le ciel chantent sans fin l'hymne de ta gloire :

Saint ! Saint ! Saint...

On peut aussi employer une préface du temps pascal, p. 235, ou la 1re préface de l'Ascension, p. 237.

Chant de communion (Suggestions p. 260)

OU

Antienne de la communion

Père, dit Jésus, je prie pour qu'ils soient un comme nous sommes un, alléluia. (cf. Jn 17, 22)

Prière après la communion

Exauce-nous, Dieu notre Sauveur : par ces mystères très saints, confirme-nous dans cette assurance que s'accomplira pour le corps entier de l'Église ce qui s'est déjà réalisé pour celui qui en est la tête : le Christ. Lui qui… — ***Amen.***

RITE DE CONCLUSION

Bénédiction solennelle

En ressuscitant son Fils unique, Dieu vous a accordé le bienfait de la rédemption, il a fait de vous ses enfants : qu'il vous donne la joie de sa bénédiction. — ***Amen.***

Du Rédempteur, vous avez reçu d'être libres à jamais : qu'il vous accorde aussi d'avoir part à l'héritage éternel. — ***Amen.***

Par la foi au Christ, dans le baptême vous êtes déjà ressuscités ; par la droiture de votre vie présente, puissiez-vous mériter de lui être unis dans la patrie du ciel. — ***Amen.***

Et que la bénédiction de Dieu tout-puissant, le Père, et le Fils, ✠ et le Saint-Esprit, descende sur vous et y demeure toujours. — ***Amen.***

Envoi

COMMENTAIRE DU DIMANCHE

Marie-Caroline Bustarret, théologienne,
enseignante aux facultés Loyola Paris

Récapitulation

Jésus conclut ce qu'on appelle les « discours d'adieu », dans l'évangile de Jean, par une prière qu'il adresse à son Père. C'est le texte que nous lisons ce dimanche. Après cela, il va être séparé de ses amis et mené vers la Passion. Énoncés par un homme qui sait qu'il va désormais être réduit au silence, ces mots ont la force d'un testament. Jésus ne parle pas à ses amis mais à son Père qu'il va bientôt rejoindre. Cependant, les hommes auprès desquels il a été envoyé sont au cœur de sa prière.

Il rassemble en quelques phrases ce qu'il a déjà accompli. Par sa vie, il nous a fait connaître qui est vraiment Dieu : « Je leur ai fait connaître ton nom. » Par sa vie, il a fait entrer l'humanité dans la vie même de Dieu : « Je leur ai donné la gloire que tu m'as donnée. » Par sa vie, il a révélé l'amour infini de Dieu pour nous : •••

••• « Afin que le monde sache que tu les as aimés. » Et, enfin, par sa mort, Jésus, qui est UN avec Dieu, qui est Dieu, va révéler la vérité de cet amour : je ferai connaître ton nom, dit-il à son Père, « pour que l'amour dont tu m'as aimé soit en eux, et que moi aussi, je sois en eux ».
Ainsi, en quelques mots denses et concis, livre-t-il son désir. S'il est venu parmi les hommes et s'il accepte de marcher vers la mort, c'est pour que, par lui, en lui, l'homme et Dieu soient un et que cette unité soit un jour celle des hommes entre eux. Ce désir est en fait bien plus qu'un simple désir, il est la volonté même du Père.

Pour moi, qui est Dieu, celui dont Jésus me fait connaître le nom ?

Jésus exprime son désir que, moi aussi, je sois en eux.
Quelle est la réalité de la présence de Jésus en moi ? ■

CE QUE JE DÉCOUVRE

S'entendre avec tout le monde ? Pas toujours facile : nous voulons avoir le dernier mot, nous sommes jaloux, égoïstes. Jésus a bien compris que vivre dans l'unité était difficile. Il prie pour les chrétiens : « Que tous soient un. » Cela ne veut pas dire qu'il n'y aura plus de disputes, mais que **nous sommes prêts à nous pardonner les uns aux autres.** Et cette amitié vécue entre les chrétiens, cette unité plus forte que la guerre est **un signe de la présence de Dieu dans le monde**. Comme le dit Jésus : « Ainsi le monde saura que tu m'as envoyé. »

CE QUE JE VIS

As-tu vu deux personnes se pardonner l'une l'autre ? Comment cela s'est-il passé ?
Et toi ? T'es-tu déjà réconcilié avec un ami, ton frère, ta sœur ?
Fais un dessin qui te fait penser à l'unité, et écris en dessous : « Jésus, je te prie pour l'unité dans le monde. »

Texte : Thibault Van Den Driessche. Illustrations : Marcelino Truong

MÉDITATION BIBLIQUE

7E DIMANCHE DE PÂQUES

Actes des Apôtres 7, 55-60 ; évangile selon saint Jean 17, 20-26

Tous contre un (seul)

Le meurtre d'Étienne est un classique de la violence humaine à laquelle l'Évangile fait face.

Le temps de la préparation

« Quand je me tiens sous l'abri du Très-Haut et repose à l'ombre du Puissant, je dis au Seigneur : "Mon refuge, mon rempart, mon Dieu, dont je suis sûr !" » (Ps 90, 1-2)

Le temps de l'observation

Étienne sait que le face-à-face avec ses accusateurs est impossible et qu'il ne sert à rien. Pour réussir à vivre ce moment compliqué, il cherche comment Dieu est présent dans l'événement qu'il vit. Se tourner vers le ciel, c'est se tourner vers Dieu et découvrir sa gloire. Il comprend que Dieu ne l'a pas abandonné, qu'il ne l'a pas laissé seul face à la colère de ceux qui en veulent à sa vie. Pourtant, cette assurance décuple la fureur de ses accusateurs car elle est pour eux insupportable. Non seulement Étienne ose contredire leur interprétation de la religion mais, en plus, il affirme avoir une vie spirituelle, croire lui aussi au Dieu d'Israël. C'en est trop, il faut le faire disparaître. Tous contre un seul, ils le mènent dehors pour le tuer à coups de pierres devant des témoins silencieux et attentifs. La dernière parole d'Étienne consistera à prier Dieu pour ses agresseurs. Jusqu'à la fin, Étienne les aura dérangés.

Le temps de la méditation

Il y a quelque chose d'incroyablement moderne dans la scène qui décrit la confrontation d'Étienne à ses accusateurs. Tous les ingrédients sont là pour faire de celui qui pense différemment le bouc émissaire : l'absence de débat contradictoire serein, le tous contre un, les témoins qui viennent assister au spectacle et le groupe qui se renforce à chaque pierre jetée sur la victime commune. Cette unité de violence est strictement l'inverse de celle demandée par Jésus à ses disciples : « Qu'ils deviennent ainsi parfaitement un, afin que le monde sache que tu m'as envoyé. » Deux types d'union s'opposent. Il y a celle de la lapidation qui se construit en cherchant un coupable à faire disparaître pour s'unir contre lui. Il y a celle entre le Père et le Fils qui se renforce dans l'écoute et la gratitude réciproque. La Bible demande de choisir l'une d'elles : celle qui mène vers la paix, et donc vers la vie.

Le temps de la prière

« J'ai les yeux tournés vers le Seigneur : il tirera mes pieds du filet. » (Ps 24, 15) ■

Marie-Laure Durand, bibliste

PARTAGE BIBLIQUE

Environ 45 minutes — *Une bible ou* Prions en Église, *page 15*

LE MARTYRE D'ÉTIENNE (AC 7, 55-60)

Lire

Lisons et revivons le martyre d'Étienne.

Comprendre le texte

Étienne fait partie des Sept qui ont été choisis pour le service des tables, mais Luc ne nous présente que son activité d'annonciateur de la Parole. Il a attiré l'attention des Juifs par les prodiges et les signes éclatants qu'il réalisait par la grâce et la puissance de Dieu. Ceux qui entrent en discussion avec Étienne parlent le grec, ce sont les disciples de langue grecque qui sont en contact avec eux, non plus les Apôtres, qui parlent hébreu. Dans la discussion, Étienne a le dernier mot grâce à sa sagesse et à l'Esprit. Dépités, ils décident de l'accuser de blasphémer contre la loi de Moïse et contre le Temple. Pour cela, ils soudoient de faux témoins et ameutent le peuple, qui, pour la première fois, se tourne contre des disciples de Jésus. Ils s'emparent d'Étienne à l'improviste et le conduisent devant le Conseil suprême qui ne siège pas en permanence et doit être convoqué. Il s'agit donc d'un jugement sommaire plutôt que d'un jugement légal devant le Conseil suprême. Le procès d'Étienne commence à prendre les traits de celui de Jésus : faux témoins, arrestation à l'improviste, absence d'un véritable jugement par le Sanhédrin en session régulière. Étienne est déjà comme transfiguré.

Partager

- Quels récits de martyre me marquent particulièrement ?
- Dois-je être courageux pour témoigner de ma foi ?
- Souffrir et mourir au nom de sa foi, cela a-t-il du sens ?
- La foi m'aide-t-elle à traverser les épreuves de la vie ?

Prier

Nous invoquons des martyrs qui parlent à notre foi
et prenons le chant : *Nous t'acclamons, ô Christ* (WY 59-23). ■

Sylvain Gasser, prêtre assomptionniste

LUNDI 2 JUIN 2025

7E SEMAINE DE PÂQUES COULEUR LITURGIQUE : BLANC

Temps pascal, *messe de la férie*
ou **saint Marcellin et saint Pierre**
ou **saint Pothin, sainte Blandine et leurs compagnons,** *voir p. 34*

Antienne d'ouverture

Vous allez recevoir une force quand le Saint-Esprit viendra sur vous ; vous serez alors mes témoins jusqu'aux extrémités de la terre, alléluia. (Ac 1, 8)

Prière

Seigneur, nous t'en prions : que vienne sur nous la force de l'Esprit Saint, pour que nous puissions garder fidèlement ta volonté et la traduire en actes par une vie fervente. Par Jésus… — ***Amen.***

Lecture

du livre des Actes des Apôtres (19, 1-8)

« Lorsque vous êtes devenus croyants, avez-vous reçu l'Esprit Saint ? »

Pendant qu'Apollos était à Corinthe, Paul traversait le haut pays ; il arriva à Éphèse, où il trouva quelques disciples. Il leur demanda : « Lorsque vous êtes devenus croyants, avez-vous reçu l'Esprit Saint ? » Ils lui répondirent : « Nous n'avons même pas entendu dire qu'il y a un Esprit Saint. » Paul reprit : « Quel baptême avez-vous donc reçu ? » Ils répondirent : « Celui de Jean le Baptiste. » Paul dit alors : « Jean donnait un baptême de conversion : il disait au peuple de croire en celui qui devait venir après lui, c'est-à-dire

en Jésus. » Après l'avoir entendu, ils se firent baptiser au nom du Seigneur Jésus. Et quand Paul leur eut imposé les mains, l'Esprit Saint vint sur eux, et ils se mirent à parler en langues mystérieuses et à prophétiser. Ils étaient une douzaine d'hommes au total. Paul se rendit à la synagogue où, pendant trois mois, il prit la parole avec assurance ; il discutait et usait d'arguments persuasifs à propos du royaume de Dieu.
– Parole du Seigneur.

Psaume 67 (68)

℟ ***Royaumes de la terre, chantez pour le Seigneur.*** *OU* ***Alléluia !***

Dieu se lève et ses ennemis se dispersent,
ses adversaires fuient devant sa face.
Comme on dissipe une fumée, tu les dissipes ;
comme on voit fondre la cire en face du feu,
les impies disparaissent
devant la face de Dieu. ℟

Mais les justes sont en fête, ils exultent ;
devant la face de Dieu ils dansent de joie.
Chantez pour Dieu, jouez pour son nom,
frayez la route à celui qui chevauche les nuées.
Son nom est Le Seigneur ;
dansez devant sa face. ℟

Père des orphelins, défenseur des veuves,
tel est Dieu dans sa sainte demeure.
À l'isolé, Dieu accorde une maison ;
aux captifs, il rend la liberté. ℟

Acclamation de l'Évangile

Alléluia. Alléluia. Si vous êtes ressuscités avec le Christ, recherchez les réalités d'en haut : c'est là qu'est le Christ, assis à la droite de Dieu. ***Alléluia.***

Évangile de Jésus Christ

selon saint Jean (16, 29-33)

« Courage ! Moi, je suis vainqueur du monde »

En ce temps-là, les disciples de Jésus lui dirent : « Voici que tu parles ouvertement et non plus en images. Maintenant nous savons que tu sais toutes choses, et tu n'as pas besoin qu'on t'interroge : voilà pourquoi nous croyons que tu es sorti de Dieu. » Jésus leur répondit : « Maintenant vous croyez ! Voici que l'heure vient – déjà elle est venue – où vous serez dispersés chacun de son côté, et vous me laisserez seul ; mais je ne suis pas seul, puisque le Père est avec moi. Je vous ai parlé ainsi, afin qu'en moi vous ayez la paix. Dans le monde, vous avez à souffrir, mais courage ! Moi, je suis vainqueur du monde. »

Prière sur les offrandes

Que le sacrifice parfait de Jésus Christ nous purifie, Seigneur : qu'il donne à nos esprits l'énergie de la grâce qui vient d'en haut. Par le Christ, notre Seigneur.
— Amen.

Préface du temps pascal, p. 235, ou de l'Ascension, p. 237.

Antienne de la communion
Je ne vous laisserai pas orphelins,
dit le Seigneur,
je reviens vers vous, et votre joie,
personne ne vous l'enlèvera, alléluia.
(Jn 14, 18; 16, 22)

Prière après la communion
Dans ta bienveillance, reste auprès de ton peuple, nous t'en prions, Seigneur; puisque tu l'as initié aux sacrements du ciel, fais-le passer de ce qui est ancien à la vie nouvelle. Par le Christ, notre Seigneur. ***— Amen.***

INVITATION

Ce mois-ci commence par la mémoire de saints martyrs.
Je prie pour tous ceux qui sont persécutés aujourd'hui à cause de leur foi.

COMMENTAIRE

La grâce du Souffle Saint

Actes 19, 1-8

À Éphèse, Paul rencontre des croyants ignorant tout de l'Esprit Saint. Aujourd'hui, nombreux sont les baptisés qui découvrent qu'ils n'ont jamais été confirmés. Si chaque sacrement nous permet de recevoir la grâce indivise du Père, du Fils et de leur Esprit commun, la confirmation actualise pour celui qui la reçoit la grâce de la Pentecôte. À l'approche de cette fête, interrogeons-nous sur la place du Souffle Saint dans nos existences. ■

***Bénédicte de la Croix**, cistercienne*

Saint Pothin, sainte Blandine et leurs compagnons

Couleur liturgique : rouge

IIe siècle. Parmi la cinquantaine de chrétiens martyrisés à Lyon figuraient le vieil évêque Pothin, le diacre Sanctus, l'adolescent Ponticus et la petite esclave Blandine.

Antienne d'ouverture

Ces gens vêtus de robes blanches,
viennent de la grande épreuve ;
ils ont lavé leurs robes dans le sang
de l'Agneau, alléluia. (cf. Ap 7, 13-14)

Prière

Tu as donné, Seigneur Dieu, à ceux qui furent les premiers dans notre pays à offrir leur vie pour la foi, saint Pothin, sainte Blandine et leurs compagnons, d'affirmer jusqu'à la mort leur joie d'être chrétiens ; rends-nous dignes de toujours mieux te connaître, afin qu'à leur exemple, le bien que nous ferons témoigne de la puissance de ton amour. Par Jésus… **— *Amen.***

Prière sur les offrandes

Elle a du prix, Seigneur, la mort de tes justes ; en la rappelant, nous t'offrons ce sacrifice, source et modèle de tout martyre. Par le Christ, notre Seigneur.
— *Amen.*

Antienne de la communion

Au vainqueur, je donnerai de goûter
à l'arbre de la vie qui est dans
le paradis de Dieu, alléluia. (cf. Ap 2, 7)

Prière après la communion

Après avoir célébré dans ce banquet que Dieu nous donne tes saints martyrs Pothin, Blandine et leurs compagnons, victorieux dans le ciel, nous te supplions, Seigneur : fais que, mangeant ici-bas le pain de vie, nous remportions la victoire, et qu'ainsi victorieux, nous mangions au paradis le fruit de l'arbre de vie. Par le Christ, notre Seigneur. **— *Amen.***

MARDI 3 JUIN 2025

7[E] SEMAINE DE PÂQUES COULEUR LITURGIQUE : ROUGE

Saint Charles Lwanga et ses compagnons

XIXe siècle. De 1885 à 1887, vingt-deux jeunes chrétiens d'Ouganda – dont le chef des pages Charles Lwanga – furent brûlés vifs sur l'ordre du roi.

Antienne d'ouverture

Comme l'or au creuset, le Seigneur a éprouvé ses élus ; comme une offrande parfaite, il les accueille. Au temps de sa visite, ils resplendiront. Pour ses amis, grâce et miséricorde, alléluia. (cf. Sg 3, 6-7.9)

Prière

Seigneur Dieu, tu as fait du sang des martyrs une semence de chrétiens ; accorde à ton Église, terre féconde arrosée par le sang de saint Charles Lwanga et de ses compagnons, de t'offrir une moisson toujours abondante. Par Jésus... ***— Amen.***

Lecture

du livre des Actes des Apôtres (20, 17-27)

« J'achève ma course et le ministère que j'ai reçu du Seigneur Jésus »

En ces jours-là, depuis Milet, Paul envoya un message à Éphèse pour convoquer les Anciens de cette Église. Quand ils furent arrivés auprès de lui, il leur adressa la parole : « Vous savez comment je me suis toujours comporté avec vous, depuis le premier jour où j'ai mis le pied en Asie : j'ai servi le Seigneur en toute humilité, dans les larmes et les épreuves que m'ont values les complots des Juifs ; je n'ai rien négligé de ce qui était utile, pour vous annoncer l'Évangile et vous donner un enseignement en

public ou de maison en maison. Je rendais témoignage devant Juifs et Grecs pour qu'ils se convertissent à Dieu et croient en notre Seigneur Jésus. Et maintenant, voici que je suis contraint par l'Esprit de me rendre à Jérusalem, sans savoir ce qui va m'arriver là-bas. Je sais seulement que l'Esprit Saint témoigne, de ville en ville, que les chaînes et les épreuves m'attendent. Mais en aucun cas, je n'accorde du prix à ma vie, pourvu que j'achève ma course et le ministère que j'ai reçu du Seigneur Jésus : rendre témoignage à l'évangile de la grâce de Dieu. Et maintenant, je sais que vous ne reverrez plus mon visage, vous tous chez qui je suis passé en proclamant le Royaume. C'est pourquoi j'atteste aujourd'hui devant vous que je suis pur du sang de tous, car je n'ai rien négligé pour vous annoncer tout le dessein de Dieu. »
– Parole du Seigneur.

Psaume 67 (68)

℟ ***Royaumes de la terre, chantez pour le Seigneur.*** OU ***Alléluia !***

Tu répandais sur ton héritage
une pluie généreuse,
et quand il défaillait, toi, tu le soutenais.
Sur les lieux où campait ton troupeau,
tu le soutenais, Dieu qui es bon
pour le pauvre. ℟

Que le Seigneur soit béni !
Jour après jour,
ce Dieu nous accorde la victoire.
Le Dieu qui est le nôtre
est le Dieu des victoires,
et les portes de la mort sont à Dieu,
le Seigneur. ℟

Acclamation de l'Évangile

Alléluia. Alléluia. Moi, je prierai le Père, et il vous donnera un autre Défenseur qui sera pour toujours avec vous. ***Alléluia.***

Évangile de Jésus Christ

selon saint Jean (17, 1-11a)

« Père, glorifie ton Fils »

En ce temps-là, Jésus leva les yeux au ciel et dit : « Père, l'heure est venue. Glorifie ton Fils afin que le Fils te glorifie. Ainsi, comme tu lui as donné* pouvoir sur tout être de chair, il donnera la vie éternelle à tous ceux que tu lui as donnés. Or, la vie éternelle, c'est qu'ils te connaissent, toi le seul vrai Dieu, et celui que tu as envoyé, Jésus Christ.

« Moi, je t'ai glorifié sur la terre en accomplissant l'œuvre que tu m'avais donnée à faire. Et maintenant, glorifie-moi auprès de toi, Père, de la gloire que j'avais auprès de toi avant que le monde existe. J'ai manifesté ton nom aux hommes que tu as pris dans le monde pour me les donner. Ils étaient à toi, tu me les as donnés, et ils ont gardé ta parole. Maintenant, ils ont reconnu que tout ce que tu m'as donné vient de toi, car je leur ai donné les paroles que tu m'avais données : ils les ont reçues, ils ont vraiment reconnu que je suis sorti de toi, et ils ont cru que tu m'as envoyé. Moi, je prie pour eux ; ce n'est pas pour le monde que je prie, mais pour ceux que tu m'as donnés, car ils sont à toi. Tout ce qui est à moi est à toi, et ce qui est à toi est à moi ; et je suis glorifié en eux. Désormais, je ne suis plus dans le monde ; eux, ils sont dans le monde, et moi, je viens vers toi. »

Prière sur les offrandes

Nous te présentons, Seigneur, nos offrandes et nous te supplions humblement : toi qui as accordé à tes saints martyrs la force de préférer la mort au péché, fais que nous servions à ton autel en nous donnant à toi sans réserve. Par le Christ, notre Seigneur. **— *Amen.***

Préface du temps pascal, p. 235, ou de l'Ascension, p. 237.

Antienne de la communion

Elle a du prix aux yeux du Seigneur,
la mort de ses amis les saints, alléluia.
(Ps 115, 15)

Prière après la communion

Nous avons participé, Seigneur, à ces mystères divins en rappelant la victoire de tes saints martyrs, et nous te prions : puisque ces mystères leur ont donné le courage d'endurer les supplices, fais que nous y trouvions, comme eux, une foi et une charité sans défaillance au milieu des épreuves. Par le Christ, notre Seigneur. **— *Amen.***

INVITATION

Je peux confier dans ma prière tous les élèves et étudiants qui passent des examens ce mois-ci.

COMMENTAIRE

Communion trinitaire Jean 17, 1-11a

Face à la colère de son fils aîné, le père de l'enfant prodigue lui confie : « Toi, mon enfant, tu es toujours avec moi, et tout ce qui est à moi est à toi » (Lc 15, 31). Juste avant son arrestation, Jésus réitère cette affirmation en s'adressant cette fois à son propre Père : « Tout ce qui est à moi est à toi, et ce qui est à toi est à moi. » Une façon discrète mais insistante de nous introduire dans l'intimité de la communion trinitaire. ■

Bénédicte de la Croix, cistercienne

✣ CLÉ DE LECTURE

« Tu lui as donné » Jean 17, 2 *(p. 37)*

Le dernier des discours de Jésus au cœur de l'évangile selon Jean est une prière adressée au Père. Elle résume de façon étonnante l'histoire de Dieu avec les êtres humains, qui est aussi révélation de Dieu lui-même. Le style est répétitif, circulaire, il fait entrer le lecteur dans un processus d'échanges qui ne cesse de se densifier. Un des maîtres mots qui encadre le texte est le verbe « donner » (utilisé dix fois en onze versets). Car l'envoi du Fils dit ce qu'est Dieu : don de tout ce qu'il est, à savoir sa propre gloire, sa propre vie, pour que le Fils lui-même se fasse don à tous les êtres humains. Un don qui leur permet de connaître Dieu, en croyant au Fils envoyé, et en accédant par lui à la vie surabondante de Dieu, la vie éternelle. ■

Roselyne Dupont-Roc, bibliste

MERCREDI 4 JUIN 2025

7E SEMAINE DE PÂQUES COULEUR LITURGIQUE : BLANC

Temps pascal, *messe de la férie*
ou, en France, **sainte Clotilde,** *voir p. 45*

Antienne d'ouverture

Tous les peuples, battez des mains,
acclamez Dieu par vos cris de joie, alléluia. (Ps 46, 2)

Prière

Dieu de miséricorde, dans ta bonté, donne à ton Église rassemblée par l'Esprit Saint de s'attacher à toi de tout cœur, et de vouloir vraiment être unie. Par Jésus… ***— Amen.***

Lecture

du livre des Actes des Apôtres (20, 28-38)

« Je vous confie à Dieu, lui qui a le pouvoir de construire l'édifice et de donner à chacun l'héritage »

En ces jours-là, Paul faisait ses adieux aux Anciens de l'Église d'Éphèse. Il leur disait : « Veillez sur vous-mêmes, et sur tout le troupeau dont l'Esprit Saint vous a établis responsables, pour être les pasteurs de l'Église de Dieu, qu'il s'est acquise par son propre sang. Moi, je sais qu'après mon départ, des loups redoutables s'introduiront chez vous et n'épargneront pas le troupeau. Même du milieu de vous surgiront des hommes qui tiendront des discours pervers pour entraîner les disciples à leur

suite. Soyez donc vigilants, et souvenez-vous que, durant trois ans, nuit et jour, je n'ai cessé, dans les larmes, de reprendre chacun d'entre vous. Et maintenant, je vous confie à Dieu et à la parole de sa grâce, lui qui a le pouvoir de construire l'édifice et de donner à chacun l'héritage en compagnie de tous ceux qui ont été sanctifiés. Je n'ai convoité ni l'argent ni l'or ni le vêtement de personne. Vous le savez bien vous-mêmes : les mains que voici ont pourvu à mes besoins et à ceux de mes compagnons. En toutes choses, je vous ai montré qu'en se donnant ainsi de la peine, il faut secourir les faibles et se souvenir des paroles du Seigneur Jésus, car lui-même a dit : *Il y a plus de bonheur à donner qu'à recevoir.* »
Quand Paul eut ainsi parlé, il s'agenouilla et pria avec eux tous. Tous se mirent à pleurer abondamment ; ils se jetaient au cou de Paul et l'embrassaient ; ce qui les affligeait le plus, c'est la parole qu'il avait dite : « Vous ne verrez plus mon visage. » Puis on l'accompagna jusqu'au bateau.
– Parole du Seigneur.

Psaume 67 (68)

℟ ***Royaumes de la terre, chantez pour le Seigneur.***
OU ***Alléluia !***

Ton Dieu l'a commandé : « Sois fort ! »
Montre ta force, Dieu,
quand tu agis pour nous !
De ton palais, qui domine Jérusalem,
on voit des rois t'apporter leurs présents. ℟

Royaumes de la terre, chantez pour Dieu,
jouez pour le Seigneur.
Voici qu'il élève la voix, une voix puissante ;
rendez la puissance à Dieu. ℟

Redoutable est Dieu dans son temple saint,
le Dieu d'Israël ;
c'est lui qui donne à son peuple force et puissance.
Béni soit Dieu ! ℟

Acclamation de l'Évangile

Alléluia. Alléluia. Ta parole, Seigneur, est vérité ; dans cette vérité, sanctifie-nous. ***Alléluia.***

Évangile de Jésus Christ

selon saint Jean (17, 11b-19)

« Qu'ils soient un comme nous-mêmes »

En ce temps-là, les yeux levés au ciel, Jésus priait ainsi : « Père saint, garde mes disciples unis dans ton nom, le nom que tu m'as donné, pour qu'ils soient un, comme nous-mêmes. Quand j'étais avec eux, je les gardais unis dans ton nom, le nom que tu m'as donné. J'ai veillé sur eux, et aucun ne s'est perdu, sauf celui qui s'en va à sa perte de sorte que l'Écriture soit accomplie. Et maintenant que je viens à toi, je parle ainsi, dans le monde*, pour qu'ils aient en eux ma joie, et qu'ils en soient comblés. Moi, je leur ai donné ta parole, et le monde les a pris en haine parce qu'ils n'appartiennent pas au monde, de même que moi je n'appartiens pas au monde. Je ne prie pas pour que tu les retires du monde, mais pour que tu les gardes du Mauvais. Ils n'appartiennent pas au monde, de même que moi, je n'appartiens pas au monde. Sanctifie-les dans la vérité : ta parole est vérité. De même que tu m'as envoyé dans le monde, moi aussi, je les ai envoyés dans le monde. Et pour eux je me sanctifie moi-même, afin qu'ils soient, eux aussi, sanctifiés dans la vérité. »

Prière sur les offrandes

Accueille, Seigneur, nous t'en prions, le sacrifice que tu as toi-même institué : dans les saints mystères que nous célébrons pour te servir comme il convient, sanctifie-nous pleinement par ton œuvre de rédemption. Par le Christ, notre Seigneur. — ***Amen.***

Préface du temps pascal, p. 235, ou de l'Ascension, p. 237.

Antienne de la communion

Quand viendra le Défenseur
que je vous enverrai, dit le Seigneur,
lui, l'Esprit de vérité qui procède
du Père, il rendra témoignage
en ma faveur ; et vous aussi,
vous allez rendre témoignage, alléluia.
(Jn 15, 26-27)

Prière après la communion

Seigneur, que notre participation à ton sacrement divin, augmente sans cesse en nous ta grâce : que sa force nous purifie et nous dispose à recevoir toujours mieux un si grand bienfait. Par le Christ, notre Seigneur. — ***Amen.***

INVITATION

Comment puis-je aujourd'hui manifester à Dieu et à mon entourage
que je les aime, non pas seulement en paroles, mais aussi en actes ?

COMMENTAIRE

La joie en héritage

Jean 17, 11b-19

Au seuil de sa Passion, Jésus laisse à ses disciples sa joie en héritage. Face au tragique de l'existence, le Fils bien-aimé oriente le regard des siens vers le Père, source de tout bien. L'épreuve ne lui sera pas épargnée, pas plus qu'à chacun de nous, mais sa confiance est sans faille. Songeons à la petite flamme allumée dans la nuit obscure de la vigile pascale, que son reflet continue à danser dans nos yeux. ■

***Bénédicte de la Croix**, cistercienne*

❊ CLÉ DE LECTURE

« Dans le monde »

Jean 17, 13 *(p. 42)*

Le lecteur de Jean le sait très tôt : « Dieu a tant aimé le monde qu'il lui a donné son Fils unique [...] il ne l'a pas envoyé pour juger le monde mais pour que, par lui, le monde soit sauvé » (cf. Jn 3, 16-17). Mais il est des moments où le monde, sans cesse aux prises avec les forces du mal, bascule dans la violence et la mort. La rédaction du chapitre 17 en témoigne : certains ne supportent pas la confrontation avec les justes et mettent tout en œuvre pour les supprimer. À ce « monde-là », les disciples n'appartiennent pas, pas plus que Jésus car, en lui, ils ont rompu avec le jeu de la haine et du mensonge. Pourtant, comme lui, ils sont envoyés dans le monde pour témoigner sans relâche et sans peur d'un amour que rien ne saurait abattre. ■

***Roselyne Dupont-Roc**, bibliste*

Sainte Clotilde

Couleur liturgique : blanc

VIe siècle. Épouse de Clovis, roi des Francs. Elle joua un rôle important dans la conversion de son mari. À la mort de ce dernier, elle se retira à Tours, près de la tombe de saint Martin.

Antienne d'ouverture

La femme qui craint le Seigneur
mérite la louange.
Ses fils la disent bienheureuse
et son mari fait son éloge, alléluia.
(cf. Ps 31, 30.28)

Prière

Regarde avec bonté, Seigneur, le peuple de France ; toi qui lui as fait le don de la foi sur les instances de sainte Clotilde, accorde-lui maintenant, par son intercession, un attachement sincère à ton service. Par Jésus… ***— Amen.***

Prière sur les offrandes

Nous te présentons, Seigneur, ce sacrifice en mémoire de sainte Clotilde, et nous te supplions humblement : qu'avec ton pardon, il nous apporte le salut. Par le Christ, notre Seigneur.
— Amen.

Antienne de la communion

Le royaume des Cieux est comparable à un négociant qui recherche des perles fines. Ayant trouvé une perle de grande valeur, il va vendre tout ce qu'il possède, et il achète la perle, alléluia.
(cf. Mt 13, 45-46)

Prière après la communion

Dieu tout-puissant, que l'action du sacrement divin nous apporte lumière et ferveur en cette fête de sainte Clotilde, pour que nous brûlions toujours du désir de la sainteté et fassions en abondance toute sorte de bien. Par le Christ, notre Seigneur. ***— Amen.***

JEUDI 5 JUIN 2025

7E SEMAINE DE PÂQUES COULEUR LITURGIQUE : ROUGE

Saint Boniface

VIIIe siècle. Ce bénédictin anglais fit connaître l'Évangile aux populations germaniques. Sacré archevêque de Mayence, il mourut assassiné. Apôtre de l'Allemagne.

Antienne d'ouverture

C'est pour l'œuvre du Christ que saint Boniface est mort ;
il a risqué sa vie pour l'accomplir, alléluia. (cf. Ph 2, 30)

Prière

Que ton saint martyr Boniface intercède pour nous, Seigneur : donne-nous de garder fermement et de professer sans crainte, par toute notre vie, la foi qu'il a enseignée par sa parole et qu'il a scellée de son propre sang. Par Jésus… ***— Amen.***

Lecture

du livre des Actes des Apôtres (22, 30 ; 23, 6-11)

« Il faut que tu me rendes aussi témoignage à Rome »

En ces jours-là, Paul avait été arrêté à Jérusalem. Le lendemain, le commandant voulut savoir avec certitude de quoi les Juifs l'accusaient. Il lui fit enlever ses liens ; puis il convoqua les grands prêtres et tout le Conseil suprême, et il fit descendre Paul pour l'amener devant eux. Sachant que le Conseil suprême se répartissait entre sadducéens et pharisiens, Paul s'écria devant eux : « Frères, moi, je suis pharisien, fils de pharisiens. C'est à cause de notre espérance, la résurrection des morts, que je passe en jugement. » À peine avait-il dit cela, qu'il y eut un affrontement entre

pharisiens et sadducéens, et l'assemblée se divisa. En effet, les sadducéens disent qu'il n'y a pas de résurrection, pas plus que d'ange ni d'esprit, tandis que les pharisiens professent tout cela. Il se fit alors un grand vacarme. Quelques scribes du côté des pharisiens se levèrent et protestèrent vigoureusement : « Nous ne trouvons rien de mal chez cet homme. Et si c'était un esprit qui lui avait parlé, ou un ange ? » L'affrontement devint très violent, et le commandant craignit que Paul ne se fasse écharper. Il ordonna à la troupe de descendre pour l'arracher à la mêlée et le ramener dans la forteresse. La nuit suivante, le Seigneur vint auprès de Paul et lui dit : « Courage ! Le témoignage que tu m'as rendu à Jérusalem, il faut que tu le rendes aussi à Rome. »

– Parole du Seigneur.

Psaume 15 (16)

℟ ***Garde-moi, mon Dieu : j'ai fait de toi mon refuge.***
OU ***Alléluia !***

Garde-moi, mon Dieu :
  j'ai fait de toi mon refuge.
J'ai dit au Seigneur : « Tu es mon Dieu !
Seigneur, mon partage et ma coupe :
de toi dépend mon sort. » ℟

Je bénis le Seigneur qui me conseille :
même la nuit mon cœur m'avertit.
Je garde le Seigneur
  devant moi sans relâche ;
il est à ma droite : je suis inébranlable. ℟

Mon cœur exulte, mon âme est en fête,
ma chair elle-même repose en confiance :
tu ne peux m'abandonner à la mort
ni laisser ton ami voir la corruption. ℟

Tu m'apprends le chemin de la vie :
devant ta face, débordement de joie !
À ta droite, éternité de délices ! ℟

Acclamation de l'Évangile

Alléluia. Alléluia. Que tous soient un, comme toi, Père, tu es en moi, et moi en toi, pour que le monde croie que tu m'as envoyé. ***Alléluia.***

Évangile de Jésus Christ

selon saint Jean (17, 20-26)

« Qu'ils deviennent parfaitement un »

En ce temps-là, les yeux levés au ciel, Jésus priait ainsi : « Père saint, je ne prie pas seulement pour ceux qui sont là, mais encore pour ceux qui, grâce à leur parole, croiront en moi. Que tous soient un, comme toi, Père, tu es en moi, et moi en toi. Qu'ils soient un en nous, eux aussi, pour que le monde croie que tu m'as envoyé. Et moi, je leur ai donné la gloire* que tu m'as donnée, pour qu'ils soient un comme nous sommes UN : moi en eux, et toi en moi. Qu'ils deviennent ainsi parfaitement un, afin que le monde sache que tu m'as envoyé, et que tu les as aimés comme tu m'as aimé.

« Père, ceux que tu m'as donnés, je veux que là où je suis, ils soient eux aussi avec moi, et qu'ils contemplent ma gloire, celle que tu m'as donnée parce que tu m'as aimé avant la fondation du monde. Père juste, le monde ne t'a pas connu, mais moi je t'ai connu, et ceux-ci ont reconnu que tu m'as envoyé. Je leur ai fait connaître ton nom, et je le ferai connaître, pour que l'amour dont tu m'as aimé soit en eux, et que moi aussi, je sois en eux. »

Prière sur les offrandes

En commémorant le martyre de saint Boniface, nous présentons nos offrandes à ton autel, et nous te prions, Seigneur : donne-nous d'imiter dans nos actes les mystères de la passion du Seigneur que nous célébrons. Lui qui… **— *Amen.***

Préface du temps pascal, p. 235, ou de l'Ascension, p. 237.

Antienne de la communion

Celui qui perdra sa vie
à cause de moi et de l'Évangile
la sauvera,
dit le Seigneur, alléluia.
(Mc 8, 35)

Prière après la communion

En célébrant le banquet du ciel, nous te prions, Seigneur : que le souvenir du saint martyr Boniface nous incite à suivre l'exemple d'une telle foi, et que sa prière nous guide. Par le Christ, notre Seigneur. **— *Amen.***

INVITATION

Comme nous y invite le pape ce mois-ci,
je prie pour avoir de la compassion à l'égard du monde *(lire p. 6)*.

COMMENTAIRE

Changement de point de vue

Jean 17, 20-26

Jésus supplie le Père d'accorder à ceux qui croient en lui la grâce de l'unité : « Qu'ils soient un comme nous sommes UN. » Au lieu de nous lamenter face aux divisions qui rongent nos églises et nos cœurs, écoutons le Seigneur prononcer du haut de la Croix : « Tout est accompli. » Disposons-nous à accueillir cette unité déjà réalisée en lui. Un changement radical de perspective qui mobilise davantage notre foi en sa prière que nos efforts ! ■

Bénédicte de la Croix, *cistercienne*

✲ CLÉ DE LECTURE

« La gloire »

Jean 17, 22 *(p. 48)*

Avec le verbe « donner », un autre mot revient de façon obsédante dans la prière de Jésus (comme dans tout l'évangile), la « gloire ». Une image, certes poétique, évocatrice, mais à quoi renvoie-t-elle ? Le terme hébreu, « *cavôd* », dit le poids, la réalité massive d'une présence : la gloire est la puissance de vie qui émane de Dieu accompagnant son peuple. Le terme grec, « *doxa* », traduit plutôt l'aura d'une personne, sa renommée, mais surtout son rayonnement et sa générosité. Cette gloire illumine la figure de Jésus et se révèle à la foi de ses disciples ; mais eux aussi la reçoivent, et plus loin encore, tous ceux qui, sur leur parole, croient et croiront dans le Christ envoyé du Père. Nous sommes au bénéfice de la gloire, comme don toujours à transmettre. ■

Roselyne Dupont-Roc, *bibliste*

VENDREDI 6 JUIN 2025

7[E] SEMAINE DE PÂQUES COULEUR LITURGIQUE : BLANC

Temps pascal, *messe de la férie*
ou **saint Norbert**

Antienne d'ouverture

Le Christ nous aime, et il nous a délivrés de nos péchés par son sang ; il a fait de nous un royaume et des prêtres pour son Dieu et Père, alléluia.
(Ap 1, 5-6)

Prière

Seigneur Dieu, en glorifiant ton Christ et en donnant la lumière de l'Esprit Saint, tu nous ouvres les portes de la vie éternelle ; fais qu'en participant à une telle grâce, nous soyons plus dévoués à te servir et obtenions une plus grande foi. Par Jésus… ***— Amen.***

Lecture

du livre des Actes des Apôtres (25, 13-21)

« Un certain Jésus qui est mort, mais que Paul affirme être en vie »

En ces jours-là, le roi Agrippa et Bérénice vinrent à Césarée saluer le gouverneur Festus. Comme ils passaient là plusieurs jours, Festus exposa au roi la situation de Paul en disant : « Il y a ici un homme que mon prédécesseur Félix a laissé en prison. Quand je me suis trouvé à Jérusalem, les grands prêtres et les anciens des Juifs ont exposé leurs griefs contre lui en réclamant sa condamnation. J'ai répondu que les Romains n'ont pas

coutume de faire la faveur de livrer qui que ce soit lorsqu'il est accusé, avant qu'il soit confronté avec ses accusateurs et puisse se défendre* du chef d'accusation. Ils se sont donc retrouvés ici, et sans aucun délai, le lendemain même, j'ai siégé au tribunal et j'ai donné l'ordre d'amener cet homme. Quand ils se levèrent, les accusateurs n'ont mis à sa charge aucun des méfaits que, pour ma part, j'aurais supposés. Ils avaient seulement avec lui certains débats au sujet de leur propre religion, et au sujet d'un certain Jésus qui est mort, mais que Paul affirmait être en vie. Quant à moi, embarrassé devant la suite à donner à l'instruction, j'ai demandé à Paul s'il voulait aller à Jérusalem pour y être jugé sur cette affaire. Mais Paul a fait appel pour être gardé en prison jusqu'à la décision impériale. J'ai donc ordonné de le garder en prison jusqu'au renvoi de sa cause devant l'empereur. »
– Parole du Seigneur.

Psaume 102 (103)

℟ ***Le Seigneur a son trône dans les cieux.*** OU ***Alléluia !***

Bénis le Seigneur, ô mon âme,
bénis son nom très saint, tout mon être !
Bénis le Seigneur, ô mon âme,
n'oublie aucun de ses bienfaits ! ℟

Comme le ciel domine la terre,
fort est son amour pour qui le craint ;
aussi loin qu'est l'orient de l'occident,
il met loin de nous nos péchés. ℟

Le Seigneur a son trône dans les cieux :
sa royauté s'étend sur l'univers.
Messagers du Seigneur, bénissez-le,
invincibles porteurs de ses ordres ! ℟

Acclamation de l'Évangile

Alléluia. Alléluia. L'Esprit Saint vous enseignera tout, et il vous fera souvenir de tout ce que je vous ai dit. ***Alléluia.***

Évangile de Jésus Christ

selon saint Jean (21, 15-19)

« Sois le berger de mes agneaux. Sois le pasteur de mes brebis »

Jésus se manifesta encore aux disciples sur le bord de la mer de Tibériade. Quand ils eurent mangé, Jésus dit à Simon-Pierre : « Simon, fils de Jean, m'aimes-tu vraiment, plus que ceux-ci ? » Il lui répond : « Oui, Seigneur ! Toi, tu le sais : je t'aime. » Jésus lui dit : « Sois le berger de mes agneaux. » Il lui dit une deuxième fois : « Simon, fils de Jean, m'aimes-tu vraiment ? » Il lui répond : « Oui, Seigneur ! Toi, tu le sais : je t'aime. » Jésus lui dit : « Sois le pasteur de mes brebis. » Il lui dit, pour la troisième fois : « Simon, fils de Jean, m'aimes-tu ? » Pierre fut peiné parce que, la troisième fois, Jésus lui demandait : « M'aimes-tu ? » Il lui répond : « Seigneur, toi, tu sais tout : tu sais bien que je t'aime. » Jésus lui dit : « Sois le berger de mes brebis. Amen, amen, je te le dis : quand tu étais jeune, tu mettais ta ceinture toi-même pour aller là où tu voulais ; quand tu seras vieux, tu étendras les mains, et c'est un autre qui te mettra ta ceinture, pour t'emmener là où tu ne voudrais pas aller. » Jésus disait cela pour signifier par quel genre de mort Pierre rendrait gloire à Dieu. Sur ces mots, il lui dit : « Suis-moi. »

Prière sur les offrandes

Regarde avec bonté, Seigneur, l'offrande de ton peuple, et, pour qu'elle te soit agréable, que la venue de l'Esprit Saint purifie nos consciences. Par le Christ, notre Seigneur. — ***Amen.***

Préface du temps pascal, p. 235, ou de l'Ascension, p. 237.

Antienne de la communion

Quand viendra l'Esprit de vérité,
dit le Seigneur,
il vous guidera vers la vérité
tout entière, alléluia.
(Jn 16, 13)

Prière après la communion

Seigneur Dieu, nous sommes purifiés et nourris par tes mystères que nous célébrons ; puisque tu leur as donné de refaire nos forces, qu'ils nous procurent la vie éternelle. Par le Christ, notre Seigneur. — ***Amen.***

INVITATION

Je peux appeler une personne âgée de mon entourage,
lui rendre un service ou la visiter.

COMMENTAIRE

Bénédiction réciproque Psaume 102 (103)

Dieu est bénédiction. Répondant à sa sollicitude, le psalmiste exulte : « Bénis le Seigneur, ô mon âme, bénis son nom très saint, tout mon être ! » Bénir, dire du bien dans une sainte réciprocité. Depuis toujours, le Verbe est cette parole de bénédiction prononcée par le Père. En prenant chair, il ennoblit la parole humaine en la revêtant d'une dimension filiale. *« Abba. »* « Tu es mon Fils en qui je mets toute ma joie. » ■

***Bénédicte de la Croix,** cistercienne*

❊ CLÉ DE LECTURE

« Se défendre » Actes 25, 16 *(p. 52)*

Luc, dans les Actes, met souvent en parallèle le procès, voire la mort, des premiers disciples avec le procès de Jésus. Ils suivent ainsi jusqu'au bout celui dont la force les habite. Car, désormais, l'Esprit du Ressuscité accompagne ces chrétiens dans leur mission « jusqu'aux extrémités de la terre » (Ac 1, 8). Or, au contraire de la lâcheté de Pilate, le procurateur Festus incarne la justice qui, dans l'Empire romain, a pu ouvrir la voie à l'Évangile. Nul ne doute que le meilleur de la civilisation romaine ait facilité la proclamation de l'Évangile dans l'Empire. D'autres temps viendront, d'autres voix se feront vite entendre (l'Apocalypse en est une), mais la diffusion du christianisme a largement bénéficié des routes romaines, bien au-delà de Rome. ■

***Roselyne Dupont-Roc,** bibliste*

SAMEDI 7 JUIN 2025

7E SEMAINE DE PÂQUES COULEUR LITURGIQUE : BLANC

Temps pascal, *messe de la férie*

Antienne d'ouverture

Les disciples, d'un même cœur, étaient assidus à la prière,
avec des femmes, avec Marie la mère de Jésus,
et avec ses frères, alléluia. (Ac 1, 14)

Prière

Dieu tout-puissant, nous te prions au terme de ces fêtes pascales : que, par ta grâce, elles imprègnent nos actes et notre vie. Par Jésus… ***— Amen.***

Lecture

du livre des Actes des Apôtres (28, 16-20.30-31)

« Paul demeura à Rome ; il annonçait le règne de Dieu »

À notre arrivée à Rome, Paul a reçu l'autorisation d'habiter en ville avec le soldat qui le gardait. Trois jours après, il fit appeler les notables des Juifs.
Quand ils arrivèrent, il leur dit : « Frères, moi qui n'ai rien fait contre notre peuple et les coutumes reçues de nos pères, je suis prisonnier depuis Jérusalem où j'ai été livré aux mains des Romains. Après m'avoir interrogé, ceux-ci voulaient me relâcher, puisque, dans mon cas, il n'y avait aucun motif de condamnation à mort. Mais, devant l'opposition des Juifs, j'ai été obligé de faire appel à

l'empereur, sans vouloir pour autant accuser ma nation. C'est donc pour ce motif que j'ai demandé à vous voir et à vous parler, car c'est à cause de l'espérance d'Israël que je porte ces chaînes. » Paul demeura deux années entières dans le logement qu'il avait loué ; il accueillait tous ceux qui venaient chez lui ; il annonçait le règne de Dieu et il enseignait ce qui concerne le Seigneur Jésus Christ avec une entière assurance et sans obstacle.

– Parole du Seigneur.

Psaume 10 (11)

℟ ***Les hommes droits te verront face à face, Seigneur.***

OU

Alléluia !

Le Seigneur, dans son temple saint,
le Seigneur, dans les cieux où il trône,
garde les yeux ouverts sur le monde.
Il voit, il scrute les hommes. ℟

Le Seigneur a scruté le juste et le méchant :
l'ami de la violence, il le hait.
Vraiment, le Seigneur est juste ;
il aime toute justice :
les hommes droits le verront face à face. ℟

Acclamation de l'Évangile

Alléluia. Alléluia. Je vous enverrai l'Esprit de vérité, dit le Seigneur ; il vous conduira dans la vérité tout entière. ***Alléluia.***

Évangile de Jésus Christ

selon saint Jean (21, 20-25)

« C'est ce disciple qui a écrit ces choses ; son témoignage est vrai »

En ce temps-là, Jésus venait de dire à Pierre : « Suis-moi. » S'étant retourné, Pierre aperçoit, marchant à leur suite, le disciple que Jésus aimait. C'est lui qui, pendant le repas, s'était penché sur la poitrine de Jésus pour lui dire : « Seigneur, quel est celui qui va te livrer ? »
Pierre, voyant donc ce disciple, dit à Jésus : « Et lui, Seigneur, que lui arrivera-t-il ? »
Jésus lui répond : « Si je veux qu'il demeure jusqu'à ce que je vienne, que t'importe ? Toi, suis-moi. » Le bruit courut donc parmi les frères que ce disciple ne mourrait pas. Or, Jésus n'avait pas dit à Pierre qu'il ne mourrait pas, mais : « Si je veux qu'il demeure jusqu'à ce que je vienne, que t'importe ? »
C'est ce disciple qui témoigne de ces choses et qui les a écrites, et nous savons que son témoignage est vrai. Il y a encore beaucoup d'autres choses que Jésus a faites ; et s'il fallait écrire chacune d'elles, je pense que le monde entier ne suffirait pas pour contenir les livres que l'on écrirait.

Prière sur les offrandes

Que l'Esprit Saint, par sa venue, nous t'en prions, Seigneur, prépare nos esprits à recevoir tes sacrements, car il est lui-même le pardon de tout péché. Par le Christ, notre Seigneur. — ***Amen.***

Préface du temps pascal, p. 235, ou de l'Ascension, p. 237.

Antienne de la communion

L'Esprit Saint me glorifiera,
dit le Seigneur,
car il recevra ce qui vient de moi
pour vous le faire connaître, alléluia.
(Jn 16, 14)

Prière après la communion

Dans ta bonté, Seigneur, exauce nos prières : déjà, nous sommes passés du monde ancien aux sacrements des temps nouveaux : fais-nous quitter ce qui ne peut que vieillir, envoie-nous un esprit de renouveau et de sainteté. Par le Christ, notre Seigneur. — ***Amen.***

INVITATION

Et si je préparais un signet ou une petite croix pour l'offrir à un jeune confirmand de mon entourage ou de ma paroisse ?

COMMENTAIRE

Singulière vocation Jean 21, 20-25

Au bord de la mer de Tibériade, le Ressuscité provoque Pierre à une déclaration d'amour qui fait écho à son triple reniement. Surprenant le disciple que Jésus aimait marchant à leur suite, Pierre s'interroge sur son sort. Combien de fois comparons-nous le chemin de vie des autres au nôtre ? Le Maître replace Pierre, et à travers lui, chacun de nous dans l'axe de sa vocation singulière : « Toi, suis-moi. » ■

Bénédicte de la Croix, cistercienne

DIMANCHE 8 JUIN 2025

PENTECÔTE

ANNÉE C – COULEUR LITURGIQUE : ROUGE

© Catherine Chion

« L'Esprit Saint que le Père enverra en mon nom, lui, vous enseignera tout. » Jean 14, 26

Les disciples n'ont plus peur ! Remplis de la force du Saint-Esprit, ils quittent la maison où ils sont confinés pour annoncer la Bonne Nouvelle à tous les peuples présents à Jérusalem. La Bonne Nouvelle ne peut rester cachée. Aujourd'hui, demandons, pour nous-mêmes et pour toute l'Église, cette force, cette audace, cette joie de témoigner des merveilles du Seigneur.

RITES INITIAUX

Chant d'entrée *(Suggestions p. 260)*
OU
Antienne d'ouverture
L'Esprit du Seigneur remplit l'univers : lui qui tient ensemble tous les êtres, il sait se faire comprendre en toute langue, alléluia.
(cf. Sg 1, 7)
OU
L'amour de Dieu a été répandu dans nos cœurs
par son Esprit qui habite en nous, alléluia. (Rm 5, 5 ; cf. 8, 11)

Suggestion de préparation pénitentielle *(ou p. 228)*
Remplis de la force du Saint-Esprit, les Apôtres n'ont plus peur de témoigner au monde de la Bonne Nouvelle. Avec confiance, tournons-nous vers le Seigneur et reconnaissons que nous sommes pécheurs.

Seigneur Jésus, consolateur souverain envoyé au monde par le Père, tu nous appelles à annoncer la Bonne Nouvelle avec audace. Kyrie, eleison.

— Kyrie, eleison.

Ô Christ, lumière bienheureuse envoyée au monde par le Père, tu nous invites à fuir la haine, la discorde et la rancœur. Christe, eleison.

— Christe, eleison.

Seigneur, frère des pauvres envoyé au monde par le Père, tu nous guéris du mépris, du jugement et de l'orgueil. Kyrie, eleison.
— Kyrie, eleison.

Que Dieu tout-puissant nous fasse miséricorde ; qu'il nous pardonne nos péchés et nous conduise à la vie éternelle. ***— Amen.***

Gloire à Dieu (p. 231)

Prière

Seigneur Dieu, dans le mystère de la fête que nous célébrons aujourd'hui, tu sanctifies ton Église entière chez tous les peuples et dans toutes les nations ; répands les dons de l'Esprit Saint sur l'immensité du monde, et continue dans le cœur des croyants l'œuvre divine entreprise au début de la prédication évangélique. Par Jésus… ***— Amen.***

LITURGIE DE LA PAROLE

Lecture du livre des Actes des Apôtres (2, 1-11)

« Tous furent remplis d'Esprit Saint et se mirent à parler en d'autres langues »

Quand arriva le jour de la Pentecôte, au terme des cinquante jours après Pâques, ils se trouvaient réunis tous ensemble. Soudain un bruit survint du ciel comme un violent coup de vent : la maison où ils étaient assis en fut remplie tout entière. Alors

leur apparurent des langues qu'on aurait dites de feu, qui se partageaient, et il s'en posa une sur chacun d'eux. Tous furent remplis d'Esprit Saint : ils se mirent à parler en d'autres langues, et chacun s'exprimait selon le don de l'Esprit.
Or, il y avait, résidant à Jérusalem, des Juifs religieux, venant de toutes les nations sous le ciel. Lorsque ceux-ci entendirent la voix qui retentissait, ils se rassemblèrent en foule. Ils étaient en pleine confusion parce que chacun d'eux entendait dans son propre dialecte ceux qui parlaient. Dans la stupéfaction et l'émerveillement, ils disaient : « Ces gens qui parlent ne sont-ils pas tous galiléens ? Comment se fait-il que chacun de nous les entende dans son propre dialecte, sa langue maternelle ? Parthes, Mèdes et Élamites, habitants de la Mésopotamie, de la Judée et de la Cappadoce, de la province du Pont et de celle d'Asie, de la Phrygie et de la Pamphylie, de l'Égypte et des contrées de Libye proches de Cyrène, Romains de passage, Juifs de naissance et convertis, Crétois et Arabes, tous nous les entendons parler dans nos langues des merveilles de Dieu. »
– Parole du Seigneur.

Psaume 103 (104)

℟ ***Ô Seigneur, envoie ton Esprit qui renouvelle la face de la terre !***
OU ***Alléluia !***

T. : AELF; M. : B. Delattre; Éd. : ADF.

Bénis le Seigneur, ô mon âme ;
Seigneur mon Dieu, tu es si grand !
Quelle profusion dans tes œuvres, Seigneur !
La terre s'emplit de tes biens. ℟

Tu reprends leur souffle, ils expirent
et retournent à leur poussière.
Tu envoies ton souffle : ils sont créés ;
tu renouvelles la face de la terre. ℟

Écoutez ce psaume sur
**www.prionseneglise.fr/
messe-du-dimanche**

Gloire au Seigneur à tout jamais !
Que Dieu se réjouisse en ses œuvres !
Que mon poème lui soit agréable ;
moi, je me réjouis dans le Seigneur. ℟

Lecture de la lettre de saint Paul apôtre aux Romains (8, 8-17)

« Tous ceux qui se laissent conduire par l'Esprit de Dieu, ceux-là sont fils de Dieu »

Frères, ceux qui sont sous l'emprise de la chair ne peuvent pas plaire à Dieu. Or, vous, vous n'êtes pas sous l'emprise de la chair, mais sous celle de l'Esprit, puisque l'Esprit de Dieu habite en vous. Celui qui n'a pas l'Esprit du Christ ne lui appartient pas. Mais si le Christ est en vous, le corps, il est vrai, reste marqué par la mort à cause du péché, mais l'Esprit vous fait vivre, puisque vous êtes devenus des justes. Et si l'Esprit de celui qui a ressuscité Jésus d'entre les morts habite en vous, celui qui a ressuscité Jésus, le Christ, d'entre les morts donnera aussi la vie à vos corps mortels par son Esprit qui habite en vous. Ainsi donc, frères, nous avons une dette, mais elle n'est pas envers la chair pour devoir vivre selon la chair. Car si vous vivez selon la chair, vous allez mourir ; mais si, par l'Esprit, vous tuez les agissements de l'homme pécheur, vous vivrez. En effet, tous ceux qui se laissent conduire par l'Esprit de Dieu, ceux-là sont fils de Dieu. Vous n'avez pas reçu un esprit qui fait de vous des esclaves et vous ramène à la peur ; mais vous avez reçu un Esprit

qui fait de vous des fils; et c'est en lui que nous crions « *Abba!* », c'est-à-dire : Père! C'est donc l'Esprit Saint lui-même qui atteste à notre esprit que nous sommes enfants de Dieu. Puisque nous sommes ses enfants, nous sommes aussi ses héritiers : héritiers de Dieu, héritiers avec le Christ, si du moins nous souffrons avec lui pour être avec lui dans la gloire. – Parole du Seigneur.

Séquence

Viens, Esprit Saint, en nos cœurs
et envoie du haut du ciel
un rayon de ta lumière.

Viens en nous, père des pauvres,
viens, dispensateur des dons,
viens, lumière de nos cœurs.

Consolateur souverain,
hôte très doux de nos âmes,
adoucissante fraîcheur.

Dans le labeur, le repos;
dans la fièvre, la fraîcheur;
dans les pleurs, le réconfort.

Ô lumière bienheureuse,
viens remplir jusqu'à l'intime
le cœur de tous tes fidèles.

Sans ta puissance divine,
il n'est rien en aucun homme,
rien qui ne soit perverti.

Lave ce qui est souillé,
baigne ce qui est aride,
guéris ce qui est blessé.

Assouplis ce qui est raide,
réchauffe ce qui est froid,
rends droit ce qui est faussé.

À tous ceux qui ont la foi
et qui en toi se confient
donne tes sept dons sacrés.

Donne mérite et vertu,
donne le salut final,
donne la joie éternelle. Amen.

Acclamation de l'Évangile

Alléluia. Alléluia. Viens, Esprit Saint ! Emplis le cœur de tes fidèles ! Allume en eux le feu de ton amour ! ***Alléluia.***

IU 56-65; M. : P. Robert; Bayard Liturgie.

Évangile de Jésus Christ selon saint Jean (14, 15-16.23b-26)

« L'Esprit Saint vous enseignera tout »

En ce temps-là, Jésus disait à ses disciples : « Si vous m'aimez, vous garderez mes commandements. Moi, je prierai le Père, et il vous donnera un autre Défenseur qui sera pour toujours avec vous. Si quelqu'un m'aime, il gardera ma parole ; mon Père l'aimera, nous viendrons vers lui et, chez lui, nous nous ferons une demeure. Celui qui ne m'aime pas ne garde pas mes paroles. Or, la parole que vous entendez n'est pas de moi : elle est du Père, qui m'a envoyé. Je

vous parle ainsi, tant que je demeure avec vous ; mais le Défenseur, l'Esprit Saint que le Père enverra en mon nom, lui, vous enseignera tout, et il vous fera souvenir de tout ce que je vous ai dit. »

Homélie

Profession de foi *(p. 232)*

Suggestion de prière universelle

Le prêtre :

Tandis que nous célébrons dans la joie la venue du Saint-Esprit, le Consolateur, tournons-nous vers lui, confions-lui toutes nos demandes.

℟ ***Ô Seigneur, envoie ton Esprit, Ô Seigneur, envoie ton Esprit.***

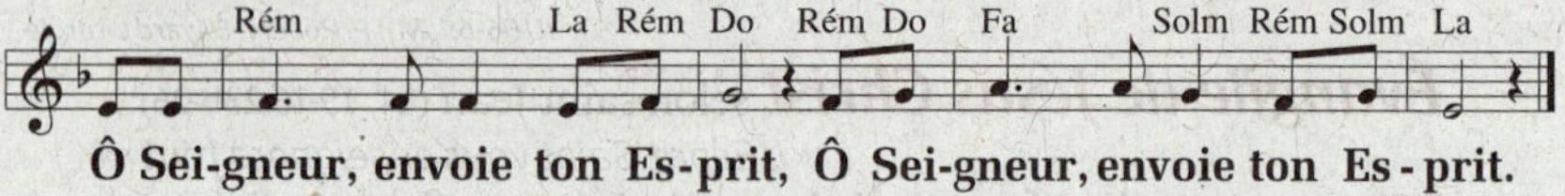

T. : CFC (Commission francophone cistercienne) ; M. : Michel Wackenheim ; Éd. : Bayard.

Le diacre ou un lecteur :

« Viens, Esprit Saint et envoie du haut du ciel un rayon de ta lumière. » Pour tous les baptisés, appelés à témoigner sans crainte de la bonne nouvelle de la résurrection de Jésus, d'un même cœur nous te prions. ℟

« Lave ce qui est souillé, baigne ce qui est aride. » Pour les hommes et les femmes qui sont victimes de sécheresses, d'inondations ou d'autres catastrophes naturelles, d'un même cœur nous te prions. ℟

« Consolateur souverain, hôte très doux de nos âmes. » Pour les malades, pour celles et ceux qui ont perdu tout espoir, pour les personnes isolées ou rejetées, d'un même cœur nous te prions. ℟

« Donne le salut final, donne la joie éternelle. » Pour les défunts de nos familles et de notre communauté rassemblée, pour les personnes endeuillées par la perte d'un être cher, d'un même cœur nous te prions. ℟

(Ces intentions seront adaptées ou modifiées selon les circonstances. On peut aussi s'inspirer de l'intention universelle du Saint-Père, p. 6.)

Le prêtre :

Saint-Esprit, alors que nous fêtons aujourd'hui ton souffle de Pentecôte, daigne écouter et exaucer toutes nos prières. Toi qui vis et règnes pour les siècles des siècles. — ***Amen.***

LITURGIE EUCHARISTIQUE

Prière sur les offrandes

Nous t'en prions, Seigneur, selon la promesse de ton Fils, que l'Esprit Saint nous fasse entrer plus avant dans l'intelligence du sacrifice que nous célébrons et nous ouvre à la vérité tout entière. Par le Christ, notre Seigneur. **– *Amen.***

Prière eucharistique *(Préface de la Pentecôte)*
Vraiment, il est juste et bon, pour ta gloire et notre salut, de t'offrir notre action de grâce, toujours et en tout lieu, Seigneur, Père très saint, Dieu éternel et tout-puissant. Pour accomplir jusqu'au bout le mystère de Pâques, tu as répandu largement aujourd'hui l'Esprit Saint sur ceux dont tu as fait tes enfants d'adoption en les unissant à ton Fils unique. C'est ton Esprit qui, au commencement de l'Église, a donné à tous les peuples la connaissance du vrai Dieu, et a rassemblé les diverses langues dans la confession d'une seule foi. C'est pourquoi la joie pascale rayonne par tout l'univers, la terre entière exulte, les puissances d'en haut et les anges dans le ciel chantent sans fin l'hymne de ta gloire : ***Saint ! Saint ! Saint…***

Chant de communion *(Suggestions p. 260)*
OU
Antienne de la communion
Tous furent remplis d'Esprit Saint,
et proclamaient les merveilles de Dieu, alléluia. (Ac 2, 4.11)

Prière après la communion
Seigneur Dieu, tu accordes largement les dons du ciel à ton Église,

protège la grâce que tu lui as donnée : que l'effusion de l'Esprit Saint agisse avec toujours plus de force, et que cette nourriture spirituelle multiplie les effets de la rédemption éternelle. Par le Christ, notre Seigneur. **— Amen.**

RITE DE CONCLUSION

Bénédiction solennelle

Dieu, le Père des lumières, a voulu éclairer le cœur des disciples par l'effusion de l'Esprit Consolateur : qu'il vous donne la joie de sa bénédiction et vous accorde à jamais les dons de l'Esprit.

— Amen.

Que le feu d'en haut venu sur les disciples consume avec puissance tout mal au fond de vos cœurs et les éclaire par l'effusion de sa lumière.

— Amen.

L'Esprit rassemble les peuples de toutes langues pour proclamer une seule foi : qu'il vous donne de persévérer dans cette même foi et de passer ainsi de l'espérance à la claire vision.

— Amen.

Et que la bénédiction de Dieu tout-puissant, le Père, et le Fils, + et le Saint-Esprit, descende sur vous et y demeure toujours.

— Amen.

Envoi

COMMENTAIRE DU DIMANCHE

Benoît Gschwind, évêque de Pamiers

Choisir le Christ !

Souffle et feu, l'Esprit s'empare d'hommes pour en faire des Apôtres, des passionnés de l'annonce de la Bonne Nouvelle, des témoins fidèles du Christ, jusque dans le don d'eux-mêmes, et parfois au risque de leurs vies. L'Église naît au souffle de l'Esprit. D'une poignée d'hommes emmurés dans leur peur, l'Esprit fait d'infatigables témoins, des prédicateurs enthousiastes, des ambassadeurs de la loi d'amour. L'Esprit, nous dit l'évangile, donne aux disciples de relire et de comprendre ce qu'ils ont vécu, vu et entendu. Le compagnonnage avec leur Maître et Seigneur a été un chemin d'apprentissage et d'accueil de la Bonne Nouvelle. Hier comme aujourd'hui, le temps de la relecture donne sens et force à la mission des disciples du Christ. Garder la Parole et les commandements est signe d'amour et devient alors essentiel pour garder le cap, laisser nos vies grandir au souffle de l'Esprit et choisir à jamais le Christ comme maître et ami. L'Esprit prend soin de nos communautés dont l'avenir tient à leur capacité à être missionnaires. C'est ce même Esprit qui fait de nous des enfants de Dieu et qui nous pousse à nous tourner vers le Père. C'est ce même Esprit qui fait toutes choses nouvelles. L'Esprit fait de nous des vivants ! Avec le Christ, nous sommes déjà ressuscités. Du huis clos où étaient enfermés les Apôtres, l'Église prend la mer et entraîne dans son sillage toute l'humanité sauvée par la mort et la résurrection du Christ.

Nous entendons souvent la question « Qu'as-tu fait de ton baptême ? ». Et si, aujourd'hui, je me demandais ce que j'ai fait de ma confirmation ?

L'Esprit fait-il de moi un vivant ? L'Esprit habite-t-il ma prière ? Suis-je passionné de l'annonce de la Bonne Nouvelle par ma vie et mes actes ? ■

Prions en Eglise Junior

LIRE L'ÉVANGILE AVEC LES ENFANTS

CE QUE JE DÉCOUVRE

Pendant le temps où Jésus est avec ses amis,
il les enseigne et prend leur défense.
Mais il va bientôt rejoindre le Père. Pourtant,
Jésus ne laisse pas ses amis seuls. Il leur promet
de venir habiter leurs cœurs avec Dieu, son Père.
**Jésus sera présent d'une autre manière,
grâce au souffle de l'Esprit Saint qui guidera
et défendra les disciples après son départ.**
L'Esprit Saint t'accompagne : **tu n'es plus seul.**
Il te permet de connaître et d'aimer Jésus.
Le Saint-Esprit veille sur toi, te rend plus fort
et remplit ton cœur de joie.

CE QUE JE VIS

Est-ce que tu te sens parfois seul ?
Quelqu'un a-t-il déjà pris ta défense ?
À quels moments penses-tu que l'Esprit Saint est avec toi ?
**Inspire et expire fort. Puis prie en disant ces mots :
« Jésus, merci pour la présence de l'Esprit Saint au fond de moi. »**

Texte : Cédric Kuntz. Illustrations : Marcelino Truong

MÉDITATION BIBLIQUE
PENTECÔTE
Évangile selon saint Jean 14, 15-16.23b-26

Recevons l'Esprit

En cette solennité de la Pentecôte, l'évangile de Jean nous invite à faire l'expérience de Dieu « plus intime à nous-mêmes que nous-mêmes », comme disait saint Augustin. Une expérience qui impacte la qualité de notre présence au monde et de notre témoignage.

Le temps de la préparation

« Viens, Esprit Saint, en nos cœurs » (Séquence).

Le temps de l'observation

Nous sommes dans le « discours d'adieu ». Jésus prépare ses disciples à la période post-pascale. C'est le Père qui donnera l'Esprit en réponse à sa prière. L'Esprit est présenté comme l'autre Défenseur : autre parce que le Christ, durant sa vie terrestre, s'est déjà manifesté comme le Défenseur et le Consolateur de l'humanité en butte à la violence et à la mort qui sévissent dans le monde. Le Christ de Jean envisage la vie chrétienne sous l'angle du combat entre la lumière et les ténèbres, entre les forces de vie et celles de mort, sous l'angle du Jugement lié au positionnement de chacun ici et maintenant. •••

... La présence de l'Esprit apparaît comme un don, conditionné par le retour de Jésus au Père : « Il vaut mieux pour vous que je m'en aille » (Jn 16, 7). Un don lié à l'événement pascal : « Jardin des oliviers millénaires. Il faut broyer les olives pour que l'huile de feu, l'Esprit Saint, se répande sur les blessures du monde » (Patriarche Bartholomée Ier, Chemin de Croix au Colisée, 1994).

Le temps de la méditation

Dieu, Père, Fils et Esprit Saint, ne s'impose pas à nous. Sa présence s'inscrit dans la dynamique de l'amour, amour qu'il porte aux disciples et que les disciples lui portent en retour. Mais qu'est-ce qu'aimer ? Ici, l'amour se manifeste par la garde de la Parole. Il ne s'agit pas d'en rester à un vague sentiment, mais de mettre en pratique les commandements dont celui de l'amour mutuel. Car garder, c'est se laisser façonner, transformer, pour devenir « d'autres christs », d'autres « oints ». Or la garde de la Parole suppose de « mourir à soi-même » : en se décentrant de ses préoccupations immédiates, en renonçant à se mettre au centre de tout pour dégager un espace où Dieu viendra faire sa demeure. « Si quelqu'un m'aime, il gardera ma parole ; mon Père l'aimera, nous viendrons vers lui et, chez lui, nous nous ferons une demeure. » Une expérience à vivre loin du ritualisme et du légalisme, pour que l'annonce de la Bonne Nouvelle porte du fruit.

Le temps de la prière

« Ô lumière bienheureuse,
viens remplir le cœur
de tous tes fidèles » (Séquence). ■

Emmanuelle Billoteau,
ermite

LE SAINT DU MOIS

11 JUIN : SAINT BARNABÉ (Ier SIÈCLE)

Le mentor de saint Paul

Chaque catholique a ses saints de prédilection, ceux avec lesquels il a noué peu à peu une relation toute personnelle, faite d'admiration, d'affection et de confiance. Pour l'écrivain Léon Bloy (1846-1917), il s'agissait de saint Joseph et de sainte Marie Madeleine, mais aussi de trois autres figures moins connues : saint Blaise, saint Matthias et saint Barnabé. Ce dernier « a fait pour moi de grandes choses », expliquait Léon Bloy, voyant en lui un « miracle de la plénitude du Saint-Esprit et de la plénitude de la foi ». L'Église partage son jugement puisqu'elle a attribué à Barnabé le titre d'apôtre, même s'il ne fit pas partie des Douze. Issu d'une famille de lévites chypriotes, Joseph•••

••• (surnommé Barnabé, « homme du réconfort ») embrassa la foi chrétienne après l'Ascension. Très vite, il devint un membre influent de l'Église primitive. Les Actes des Apôtres nous le présentent comme un homme généreux, ardent et audacieux. On apprend ainsi qu'il vendit un de ses champs et en donna tout le produit à la jeune communauté chrétienne de Jérusalem (cf. Ac 4, 36-37). Une communauté qu'il aida de nouveau par la suite, lors d'une famine en Judée (cf. Ac 11, 30). La force de sa prédication suscita, à Antioche notamment, de nombreuses conversions (cf. Ac 11, 24). Par ailleurs, convaincu de la sincérité de Paul de Tarse, il osa le présenter aux Apôtres (cf. Ac 9, 26-27), logiquement très méfiants à l'égard de l'ancien persécuteur. Dès lors, pendant plusieurs années, saint Barnabé fut comme le mentor de saint Paul, que ce soit à Antioche ou lors d'un long voyage missionnaire qui les mena à Chypre puis en Anatolie (Turquie actuelle). Ce faisant, il permit au futur « apôtre des nations » de se préparer au mieux à l'annonce de l'Évangile dans le monde païen. Puis, à la suite d'un désaccord, les chemins de Barnabé et de Paul se séparèrent : Barnabé retourna prêcher à Chypre, où il aurait subi le martyre. ■

Xavier Lecœur, journaliste et historien

UN SAINT POUR AUJOURD'HUI

À l'époque de Barnabé, le monde entier était à évangéliser.
De nos jours, en Occident, une grande partie de nos contemporains sont à réévangéliser. Nous pouvons donc prier saint Barnabé afin d'avoir le courage de parler du Christ à ceux qui n'ont pas la joie de le connaître.

LUNDI 9 JUIN 2025

COULEUR LITURGIQUE : BLANC

Bienheureuse Vierge Marie, Mère de l'Église

Le pape François a choisi d'inscrire cette mémoire au calendrier romain le lundi de Pentecôte.

Antienne d'ouverture

Les disciples, d'un seul cœur, persévéraient dans la prière avec Marie, la Mère de Jésus. (cf. Ac 1, 14)

Prière

Dieu, Père de toute miséricorde, ton Fils unique, cloué sur la croix, a voulu que la bienheureuse Vierge Marie, sa Mère, soit aussi notre mère ; accorde à ton Église, soutenue par son amour, la joie de donner naissance à des enfants toujours plus nombreux, de les voir grandir en sainteté et d'attirer à elle toutes les familles des peuples. Par Jésus… — ***Amen.***

Lectures propres à la mémoire de la bienheureuse Vierge Marie, Mère de l'Église.

Lecture

du livre de la Genèse (3, 9-15.20)

« La mère de tous les vivants »

Quand Adam eut mangé du fruit de l'arbre, le Seigneur Dieu l'appela et lui dit : « Où es-tu donc ? » L'homme répondit : « J'ai entendu ta voix dans le jardin, j'ai pris peur parce que je suis nu, et je me suis caché. » Le Seigneur reprit : « Qui donc t'a dit que tu étais nu ? Aurais-tu mangé de l'arbre dont je t'avais interdit de manger ? » L'homme répondit :

« La femme que tu m'as donnée, c'est elle qui m'a donné du fruit de l'arbre, et j'en ai mangé. »
Le Seigneur Dieu dit à la femme : « Qu'as-tu fait là ? » La femme répondit : « Le serpent m'a trompée, et j'ai mangé. » Alors le Seigneur Dieu dit au serpent : « Parce que tu as fait cela, tu seras maudit parmi tous les animaux et toutes les bêtes des champs. Tu ramperas sur le ventre et tu mangeras de la poussière tous les jours de ta vie. Je mettrai une hostilité entre toi et la femme, entre ta descendance et sa descendance : celle-ci te meurtrira la tête, et toi, tu lui meurtriras le talon. » L'homme appela sa femme Ève (c'est-à-dire : la vivante), parce qu'elle fut la mère de tous les vivants. – Parole du Seigneur.

On peut aussi lire Actes 1, 12-14.

Psaume 86 (87)

℟ ***Pour ta gloire on parle de toi, ville de Dieu !***

Elle est fondée sur les montagnes saintes.
Le Seigneur aime les portes de Sion
plus que toutes les demeures de Jacob. ℟

Pour ta gloire on parle de toi, ville de Dieu !
Mais on appelle Sion : « Ma mère ! »
car en elle, tout homme est né.
C'est lui, le Très-Haut, qui la maintient. ℟

Au registre des peuples, le Seigneur écrit :
« Chacun est né là-bas. »
Tous ensemble ils dansent, et ils chantent :
« En toi, toutes nos sources ! » ℟

Acclamation de l'Évangile

Alléluia. Alléluia. Heureuse Vierge Marie, tu as enfanté le Seigneur ! Bienheureuse Mère de l'Église, tu fais brûler en nous l'Esprit de ton Fils Jésus, le Christ. ***Alléluia.***

Évangile de Jésus Christ

selon saint Jean (19, 25-34)

« Voici ton fils. Voici ta mère »

En ce temps-là, près de la croix de Jésus se tenaient sa mère et la sœur de sa mère, Marie, femme de Cléophas, et Marie Madeleine. Jésus, voyant sa mère, et près d'elle le disciple qu'il aimait, dit à sa mère : « Femme*, voici ton fils. » Puis il dit au disciple : « Voici ta mère. » Et à partir de cette heure-là, le disciple la prit chez lui. Après cela, sachant que tout, désormais, était achevé pour que l'Écriture s'accomplisse jusqu'au bout, Jésus dit : « J'ai soif. » Il y avait là un récipient plein d'une boisson vinaigrée. On fixa donc une éponge remplie de ce vinaigre à une branche d'hysope, et on l'approcha de sa bouche. Quand il eut pris le vinaigre, Jésus dit : « Tout est accompli. » Puis, inclinant la tête, il remit l'esprit. Comme c'était le jour de la Préparation (c'est-à-dire le vendredi), il ne fallait pas laisser les corps en croix durant le sabbat, d'autant plus que ce sabbat était le grand jour de la Pâque. Aussi les Juifs demandèrent à Pilate qu'on enlève les corps après leur avoir brisé les jambes. Les soldats allèrent donc briser les jambes du premier, puis de l'autre homme crucifié avec Jésus. Quand ils arrivèrent à Jésus, voyant qu'il était déjà mort, ils ne lui brisèrent pas les jambes, mais un des soldats avec sa lance lui perça le côté ; et aussitôt, il en sortit du sang et de l'eau.

Prière sur les offrandes

Accueille, Seigneur, nos offrandes pour en faire le mystère de notre salut : que, par sa puissance, nous brûlions de l'amour qui habitait la Vierge Marie, Mère de l'Église, et méritions d'être associés plus étroitement avec elle à l'œuvre de la rédemption. Par le Christ, notre Seigneur. — ***Amen.***

Prière eucharistique

(Préface de la Bienheureuse Vierge Marie, Mère de l'Église)

Vraiment, il est juste et bon, pour ta gloire et notre salut, de t'offrir notre action de grâce, toujours et en tout lieu, Seigneur, Père très saint, Dieu éternel et tout-puissant. Quand nous célébrons la Vierge Marie, c'est à toi que s'adressent nos louanges. En accueillant ton Verbe dans un cœur immaculé, elle a mérité de le concevoir dans son sein virginal. En donnant le jour à son Créateur, elle veillait déjà sur les débuts de l'Église. En recevant au pied de la croix le testament du Dieu d'amour, elle accueillait comme ses fils tous les hommes, que la mort du Christ a fait naître à la vie divine. Quand les Apôtres attendaient l'Esprit que tu avais promis, elle a joint sa supplication à celle des disciples, devenant ainsi le modèle de l'Église en prière. Élevée dans la gloire du ciel, elle accompagne et protège de son amour maternel l'Église en marche vers la patrie jusqu'au jour où le Seigneur viendra dans sa gloire. C'est pourquoi, avec les saints et tous les anges, nous te louons et sans fin nous proclamons : ***Saint ! Saint ! Saint…***

Antienne de la communion

Il y eut des noces à Cana en Galilée,
et la Mère de Jésus était là.
C'est alors que Jésus fit le premier
de ses signes : il manifesta sa gloire,
et ses disciples crurent en lui.
(cf. Jn 2, 1.11)

OU

Suspendu à la croix,
Jésus dit au disciple qu'il aimait :
« Voici ta mère. »
(cf. Jn 19, 26-27)

Prière après la communion

Nous avons reçu le gage de la rédemption et de la vie, et nous te supplions encore, Seigneur : qu'avec l'aide maternelle de la Vierge Marie, ton Église enseigne tous les peuples par l'annonce de l'Évangile et remplisse le monde entier de l'effusion de ton Esprit. Par le Christ, notre Seigneur. — ***Amen.***

INVITATION

La Vierge Marie intercède pour l'Église. Je peux prier le chapelet de Lourdes en le regardant en direct à 15 h 30 sur le site du sanctuaire, ou en l'écoutant sur une radio chrétienne.

COMMENTAIRE

Quand tout semble perdu Jean 19, 25-34

Impuissante, Marie assiste à la mort de son fils. Drame sans mesure, heure de ténèbres. Mais aussi moment d'espérance : quand tout semble perdu, Jésus lui demande de devenir la mère de Jean et, à travers lui, de l'Église entière. Au pied de la Croix, Marie devient la mère très aimante de chacun de nous. Son cœur blessé ne se ferme pas, il s'ouvre à un amour toujours plus grand. Marie, Mère de l'Église, est aussi Mère de l'espérance pour tous les cœurs brisés. ■

***Bertrand Lesoing**, prêtre de la communauté Saint-Martin*

✲ CLÉ DE LECTURE

« Femme » Jean 19, 26 *(p. 81)*

Quelques femmes auprès de Jésus mourant, les dernières à le suivre jusqu'au bout, et auprès d'elles « le disciple bien-aimé », figure emblématique de la communauté johannique. En elles s'accomplit la promesse de Dieu à l'humanité, que la Bible fonde dans la parole au serpent au sujet d'Ève la vivante : « Celle-ci te meurtrira la tête. » Parmi elles, une Marie sera la première à témoigner de la Résurrection et à annoncer aux disciples qu'elle a vu le Seigneur (cf. Jn 20, 18). C'est bien la promesse de vie que Dieu ne cesse de renouveler à l'humanité, si chaotique soit-elle : celui qui va mourir a écrasé la tête du serpent, et, rejoignant le Père, il confie à ces femmes, et par elles aux disciples, la promesse de vie faite à Israël, désormais offerte à tous. ■

***Roselyne Dupont-Roc**, bibliste*

Temps ordinaire, *suggestion d'oraisons et d'antiennes n° 1*

Antienne d'ouverture

J'ai vu un homme qui siégeait sur un trône élevé ;
la multitude des anges l'adore en chantant d'une seule voix :
« Voici celui dont l'empire a un nom éternel. »

Prière

Aux appels de ton peuple en prière, réponds, Seigneur, en ta tendresse : donne à chacun la claire vision de ce qu'il doit faire et la force de l'accomplir. Par Jésus…
— Amen.

Lecture

de la deuxième lettre de saint Paul apôtre aux Corinthiens (1, 18-22)

« Le Christ Jésus n'a pas été "oui et non" ; il n'a été que "oui" »

Frères, Dieu en est garant*, la parole que nous vous adressons n'est pas « oui et non ». Car le Fils de Dieu, le Christ Jésus, que nous avons annoncé parmi vous, Silvain et Timothée, avec moi, n'a pas été « oui et non » ; il n'a été que « oui ». Et toutes les promesses de Dieu ont trouvé leur « oui » dans sa personne. Aussi est-ce par le Christ que nous disons à Dieu notre « amen », notre « oui », pour sa gloire. Celui qui nous rend solides pour le Christ dans nos relations avec vous, celui qui nous a consacrés, c'est Dieu ; il nous a marqués de son sceau, et il a mis dans nos cœurs l'Esprit, première avance sur ses dons. – Parole du Seigneur.

Psaume 118 (119)

℟ ***Pour ton serviteur, que ton visage s'illumine, Seigneur !***

Quelle merveille, tes exigences,
aussi mon âme les garde !
Déchiffrer ta parole illumine,
et les simples comprennent. ℟

La bouche grande ouverte, j'aspire,
assoiffé de tes volontés.
Aie pitié de moi, regarde-moi :
tu le fais pour qui aime ton nom. ℟

Que ta promesse assure mes pas :
qu'aucun mal ne triomphe de moi !
Pour ton serviteur que ton visage s'illumine :
apprends-moi tes commandements. ℟

Acclamation de l'Évangile

Alléluia. Alléluia. Que votre lumière brille devant les hommes : alors, voyant ce que vous faites de bien, ils rendront gloire à votre Père. ***Alléluia.***

Évangile de Jésus Christ

selon saint Matthieu (5, 13-16)

« Vous êtes le sel de la terre »

En ce temps-là, Jésus disait à ses disciples : « Vous êtes le sel de la terre. Mais si le sel devient fade, comment lui rendre de la saveur ? Il ne vaut plus rien : on le jette dehors et il est piétiné par les gens. Vous êtes la lumière du monde. Une ville située sur une montagne ne peut être cachée. Et l'on n'allume pas une lampe pour la mettre sous le boisseau ; on la met sur le lampadaire, et elle brille pour tous ceux qui sont dans la maison. De même, que votre lumière brille devant les hommes : alors, voyant ce que vous faites de bien, ils rendront gloire à votre Père qui est aux cieux. »

Prière sur les offrandes

Que l'offrande de ton peuple te soit agréable, nous t'en prions, Seigneur : qu'elle le fasse grandir en sainteté, et lui obtienne ce qu'il demande avec ferveur. Par le Christ, notre Seigneur. — ***Amen.***

Antienne de la communion

Seigneur, en toi est la source de vie ;
par ta lumière,
nous voyons la lumière. (Ps 35, 10)
OU
Je suis venu pour qu'ils aient la vie,
la vie en abondance, dit le Seigneur.
(Jn 10, 10)

Prière après la communion

Dieu tout-puissant, nous t'en supplions : tu refais nos forces par tes sacrements, donne-nous aussi de pouvoir dignement te servir par une vie qui te plaise. Par le Christ, notre Seigneur. — ***Amen.***

INVITATION

« Vous êtes le sel de la terre. [...] Vous êtes la lumière du monde. »
Et si je me répétais ces paroles toute la journée, en rendant grâce ?

COMMENTAIRE

Fadeur ou saveur ? Matthieu 5, 13-16

Et si le principal enjeu pour la vie de nos familles et de nos communautés chrétiennes était de savoir y mettre un peu de goût ? Par habitude, nous repassons peut-être des plats devenus insipides : des paroles creuses qui ne touchent plus les cœurs, des manières de faire dépassées. À nous de redonner un goût d'Évangile à nos paroles, à nos célébrations, à nos actions. Que l'Esprit Saint suscite une nouvelle explosion de saveurs ! ■

***Bertrand Lesoing**, prêtre de la communauté Saint-Martin*

❊ CLÉ DE LECTURE

« Garant » 2 Corinthiens 1, 18 *(p. 85)*

L'adjectif ainsi traduit est « *pistos* », de la racine grecque du « croire » et de la « foi ». Les traductions sont diverses en français : « croyant, fidèle, fiable, crédible ». Le terme vise ce sur quoi on peut s'appuyer : « Dieu est fidèle. » Mais de façon plus technique, le mot sert jusque dans le grec moderne à désigner le crédit bancaire. Une banque de crédit est une banque digne de foi, qui se porte garante. Aussi traduit-on ici que Dieu est garant de la parole de l'apôtre. Mais il faut dire aussi que Dieu fait crédit : crédit aux Apôtres en leur confiant la parole de vérité, l'Évangile à transmettre ; crédit à nous, les croyants, pour mener à bien son projet de bénédiction sur le monde. Et le garant de ce crédit, c'est Jésus Christ qui nous précède. ■

***Roselyne Dupont-Roc**, bibliste*

MERCREDI 11 JUIN 2025

COULEUR LITURGIQUE : ROUGE

Saint Barnabé

Ier siècle. Natif de Chypre, il fut l'un des premiers convertis au christianisme. Il se porta garant de saint Paul auprès des Douze et l'accompagna dans ses missions apostoliques *(voir p. 77).*

8 - 14

Antienne d'ouverture

Heureux, saint Barnabé, qui fut digne d'être compté parmi les Apôtres : c'était un homme de bien, rempli d'Esprit Saint et de foi. (cf. Ac 11, 24)

Prière

Seigneur Dieu, tu as demandé de mettre à part le bienheureux Barnabé, rempli de foi et d'Esprit Saint, pour la conversion des nations païennes ; fais que l'Évangile du Christ, qu'il a proclamé sans faiblir, soit annoncé fidèlement en paroles et en actes. Par Jésus… ***— Amen.***

Lectures propres à la mémoire de saint Barnabé.

Lecture

du livre des Actes des Apôtres (11, 21b-26 ; 13, 1-3)

« C'était un homme de bien, rempli d'Esprit Saint et de foi »

En ces jours-là, à Antioche, un grand nombre de gens devinrent croyants et se tournèrent vers le Seigneur. La nouvelle parvint aux oreilles de l'Église de Jérusalem, et l'on envoya Barnabé jusqu'à Antioche. À son arrivée, voyant la grâce de Dieu à l'œuvre, il fut dans la joie. Il les exhortait tous à rester d'un cœur ferme attachés au Seigneur. C'était en effet un homme de bien, rempli d'Esprit Saint et de foi. Une foule considérable s'attacha au Seigneur. Barnabé partit alors à Tarse chercher Saul.

L'ayant trouvé, il l'amena à Antioche. Pendant toute une année, ils participèrent aux assemblées de l'Église, ils instruisirent une foule considérable. Et c'est à Antioche que, pour la première fois, les disciples reçurent le nom de « chrétiens ». Or il y avait dans l'Église qui était à Antioche des prophètes et des hommes chargés d'enseigner : Barnabé, Syméon appelé Le Noir, Lucius de Cyrène, Manahène, compagnon d'enfance d'Hérode le Tétrarque, et Saul. Un jour qu'ils célébraient le culte du Seigneur et qu'ils jeûnaient, l'Esprit Saint leur dit : « Mettez à part pour moi Barnabé et Saul en vue de l'œuvre à laquelle je les ai appelés. » Alors, après avoir jeûné et prié, et leur avoir imposé les mains, ils les laissèrent partir.

– Parole du Seigneur.

Psaume 97 (98)

℟ ***Le Seigneur a révélé sa justice aux nations.***

Chantez au Seigneur un chant nouveau,
car il a fait des merveilles ;
par son bras très saint, par sa main puissante,
il s'est assuré la victoire. ℟

Le Seigneur a fait connaître sa victoire,
et révélé sa justice aux nations ;
il s'est rappelé sa fidélité, son amour,
en faveur de la maison d'Israël. ℟

La terre tout entière a vu
la victoire de notre Dieu.
Acclamez le Seigneur, terre entière,
sonnez, chantez, jouez. ℟

Jouez pour le Seigneur sur la cithare,
sur la cithare et tous les instruments ;
au son de la trompette et du cor,
acclamez votre roi, le Seigneur ! ℟

Acclamation de l'Évangile

Alléluia. Alléluia. Allez ! De toutes les nations faites des disciples, dit le Seigneur. Moi, je suis avec vous tous les jours jusqu'à la fin du monde. ***Alléluia.***

Évangile de Jésus Christ

selon saint Matthieu (10, 7-13)

« Vous avez reçu gratuitement : donnez gratuitement »

En ce temps-là, Jésus disait à ses Apôtres : « Sur votre route, proclamez que le royaume des Cieux est tout proche. Guérissez les malades, ressuscitez les morts, purifiez les lépreux, expulsez les démons. Vous avez reçu gratuitement : donnez gratuitement. Ne vous procurez ni or ni argent, ni monnaie de cuivre à mettre dans vos ceintures, ni sac pour la route, ni tunique de rechange, ni sandales, ni bâton. L'ouvrier, en effet, mérite sa nourriture. Dans chaque ville ou village où vous entrerez, informez-vous pour savoir qui est digne de vous accueillir, et restez là jusqu'à votre départ. En entrant dans la maison, saluez ceux qui l'habitent. Si cette maison en est digne, que votre paix vienne sur elle. Si elle n'en est pas digne, que votre paix retourne vers vous. »

Prière sur les offrandes

Par ta bénédiction, nous t'en prions, Seigneur, sanctifie les dons que nous t'offrons : qu'ils allument en nous, par ta grâce, le feu de cet amour qui poussait le bienheureux Barnabé à porter aux nations la lumière de l'Évangile. Par le Christ, notre Seigneur. — ***Amen.*** *Préface des Apôtres, p. 240.*

Antienne de la communion

Je ne vous appelle plus serviteurs,
dit le Seigneur, car le serviteur
ne sait pas ce que fait son maître ;
je vous appelle mes amis,
car tout ce que j'ai entendu
de mon Père,
je vous l'ai fait connaître.
(cf. Jn 15, 15)

Prière après la communion

Ayant reçu de toi, Seigneur, le gage de la vie éternelle, nous te supplions humblement : accorde-nous de saisir un jour en plénitude ce que nous célébrons sous la forme du sacrement pour faire mémoire du bienheureux apôtre Barnabé. Par le Christ, notre Seigneur.
— *Amen.*

INVITATION

En cette fête de saint Barnabé, je rends grâce pour tous ceux qui m'ont aidé à devenir le croyant que je suis aujourd'hui et je les confie au Seigneur.

COMMENTAIRE

Quand l'élève dépasse le maître

Actes 11, 21b-26 ; 13, 1-3

À Antioche, les foules s'attachent d'un seul cœur au Seigneur. Barnabé ne peut assumer seul le ministère apostolique, il se rend donc à Tarse pour demander l'aide de Paul. Une étincelle ? Non, un feu ! Sans trop le savoir, Barnabé lance Paul dans une extraordinaire épopée missionnaire, au point que Paul finit par éclipser Barnabé. En conçoit-il quelque amertume ? Probablement pas. Il y a toujours de la joie à susciter de nouveaux talents et de nouvelles vocations ! ■

Bertrand Lesoing, prêtre de la communauté Saint-Martin

JEUDI 12 JUIN 2025

10[E] SEMAINE DU TEMPS ORDINAIRE COULEUR LITURGIQUE : VERT

Temps ordinaire, *suggestion d'oraisons et d'antiennes n° 2*

8 - 14

Antienne d'ouverture

Toute la terre se prosterne devant toi,
qu'elle chante pour toi, qu'elle chante un psaume pour ton nom,
Dieu très-haut. (cf. Ps 65, 4)

Prière

Dieu éternel et tout-puissant, qui régis et le ciel et la terre, exauce, en ta bonté, les supplications de ton peuple et donne à notre temps la paix qui vient de toi. Par Jésus… ***— Amen.***

Lecture

de la deuxième lettre de saint Paul apôtre aux Corinthiens (3, 15 – 4, 1.3-6)

« Dieu a lui-même brillé dans nos cœurs pour faire resplendir la connaissance de sa gloire »

Frères, aujourd'hui encore, quand les fils d'Israël lisent les livres de Moïse, un voile couvre leur cœur. Quand on se convertit au Seigneur, le voile est enlevé. Or, le Seigneur, c'est l'Esprit, et là où l'Esprit du Seigneur est présent, là est la liberté. Et nous tous qui n'avons pas de voile sur le visage, nous reflétons la gloire du Seigneur, et nous sommes transformés en son image avec une gloire de plus en plus grande, par l'action du

Seigneur qui est Esprit. C'est pourquoi, ayant reçu ce ministère par la miséricorde de Dieu, nous ne perdons pas courage. Et même si l'Évangile que nous annonçons reste voilé, il n'est voilé que pour ceux qui vont à leur perte, pour les incrédules dont l'intelligence a été aveuglée par le dieu mauvais de ce monde ; celui-ci les empêche de voir clairement, dans la splendeur de l'Évangile, la gloire du Christ, lui qui est l'image de Dieu. En effet, ce que nous proclamons, ce n'est pas nous-mêmes ; c'est ceci : Jésus Christ est le Seigneur ; et nous sommes vos serviteurs, à cause de Jésus. Car Dieu qui a dit : *Du milieu des ténèbres brillera la lumière,* a lui-même brillé dans nos cœurs pour faire resplendir* la connaissance de sa gloire qui rayonne sur le visage du Christ. – Parole du Seigneur.

Psaume 84 (85)

℟ *La gloire du Seigneur habitera notre terre.*

J'écoute : que dira le Seigneur Dieu ?
Ce qu'il dit, c'est la paix pour son peuple
et ses fidèles.
Son salut est proche de ceux qui le craignent,
et la gloire habitera notre terre. ℟

Amour et vérité se rencontrent,
justice et paix s'embrassent ;
la vérité germera de la terre
et du ciel se penchera la justice. ℟

Le Seigneur donnera ses bienfaits,
et notre terre donnera son fruit.
La justice marchera devant lui,
et ses pas traceront le chemin. ℟

Acclamation de l'Évangile

Alléluia. Alléluia. Je vous donne un commandement nouveau, dit le Seigneur : « Aimez-vous les uns les autres, comme je vous ai aimés. » ***Alléluia.***

Évangile de Jésus Christ

selon saint Matthieu (5, 20-26)

« Tout homme qui se met en colère contre son frère devra passer en jugement »

En ce temps-là, Jésus disait à ses disciples : « Je vous le dis : Si votre justice ne surpasse pas celle des scribes et des pharisiens, vous n'entrerez pas dans le royaume des Cieux. Vous avez appris qu'il a été dit aux anciens : *Tu ne commettras pas de meurtre,* et si quelqu'un commet un meurtre, il devra passer en jugement. Eh bien ! moi, je vous dis : Tout homme qui se met en colère contre son frère devra passer en jugement. Si quelqu'un insulte son frère, il devra passer devant le tribunal. Si quelqu'un le traite de fou, il sera passible de la géhenne de feu. Donc, lorsque tu vas présenter ton offrande à l'autel, si, là, tu te souviens que ton frère a quelque chose contre toi, laisse ton offrande, là, devant l'autel, va d'abord te réconcilier avec ton frère, et ensuite viens présenter ton offrande. Mets-toi vite d'accord avec ton adversaire pendant que tu es en chemin avec lui, pour éviter que ton adversaire ne te livre au juge, le juge au garde, et qu'on ne te jette en prison. Amen, je te le dis : tu n'en sortiras pas avant d'avoir payé jusqu'au dernier sou. »

Prière sur les offrandes

Accorde-nous, Seigneur, nous t'en prions, de participer dignement à ces mystères, car chaque fois qu'est célébré ce sacrifice en mémorial, c'est l'œuvre de notre rédemption qui s'accomplit. Par le Christ, notre Seigneur. *— **Amen.***

Antienne de la communion

Tu prépares la table pour moi ;
la coupe qui m'enivre,
comme elle est admirable !
(cf. Ps 22, 5)

OU

Nous avons reconnu
l'amour que Dieu a pour nous,
et nous y avons cru.
(1 Jn 4, 16)

Prière après la communion

Répands en nous, Seigneur, ton Esprit de charité, afin d'unir dans un même amour ceux que tu as nourris du même pain du ciel. Par le Christ, notre Seigneur. *— **Amen.***

INVITATION

Pour Jésus, il est plus urgent de se réconcilier que d'apporter une offrande à l'autel. Et si je passais à l'acte ?

COMMENTAIRE

Harmonie

Matthieu 5, 20-26

Le concert est sur le point de commencer, les musiciens accordent leurs instruments : le hautbois donne le *la*, puis les autres musiciens se passent la note de pupitre en pupitre. Prenons-nous le temps de cet accordage pour nos célébrations et nos rassemblements d'Église ? « Mets-toi vite d'accord avec ton adversaire », nous demande aujourd'hui Jésus. Il ne s'agit pas de tous penser la même chose, mais de trouver la juste note de départ pour cheminer ensemble dans l'harmonie et la symphonie. ■

***Bertrand Lesoing,** prêtre de la communauté Saint-Martin*

❊ CLÉ DE LECTURE

« Pour faire resplendir »

2 Corinthiens 4, 6 *(p. 94)*

Le texte fait écho à ce que Paul disait dans sa première lettre aux Corinthiens : les princes de ce monde n'ont pas su « reconnaître » dans le Crucifié le Seigneur de gloire (cf. 1 Co 2, 8). Comme le fera plus tard l'évangile selon Jean, Paul découvre que la crucifixion de Jésus est le lieu même où se révèle la gloire de Dieu, sa présence et sa puissance en celui qui meurt. Ce que nul ne peut voir ni comprendre, s'il n'a reçu dans son cœur la lumière. Quelle est cette lumière qui peut éclairer nos ténèbres et, Paul insiste, notre « connaissance » ? Car il ne s'agit pas de renoncer à l'intelligence, mais bien d'avancer aussi loin qu'elle peut, puis d'accepter de se laisser éclairer et d'être soudain ébloui par la figure de celui qui a vécu et meurt dans un don total de sa vie. ■

***Roselyne Dupont-Roc,** bibliste*

VENDREDI 13 JUIN 2025

10E SEMAINE DU TEMPS ORDINAIRE COULEUR LITURGIQUE : BLANC

Saint Antoine de Padoue

XIIIe siècle. Ce grand prédicateur franciscain, né à Lisbonne, a été proclamé « docteur évangélique de l'Église » par Pie XII en 1946. Un des saints les plus populaires.

Antienne d'ouverture

Que tes prêtres soient vêtus de justice,
que tes fidèles crient de joie. (cf. Ps 131, 9)

Prière

Dieu éternel et tout-puissant, en saint Antoine de Padoue, tu as donné à ton peuple un grand prédicateur de l'Évangile et un recours en toute nécessité ; permets qu'avec son aide, et fidèles à ses leçons de vie chrétienne, nous ressentions dans toutes nos épreuves le bienfait de ton secours. Par Jésus… — ***Amen.***

Lecture

de la deuxième lettre de saint Paul apôtre aux Corinthiens (4, 7-15)

« Celui qui a ressuscité le Seigneur Jésus nous ressuscitera, nous aussi, avec Jésus, et il nous placera près de lui avec vous »

Frères, nous portons un trésor comme dans des vases d'argile ; ainsi, on voit bien que cette puissance extraordinaire appartient à Dieu et ne vient pas de nous. En toute circonstance, nous sommes dans la détresse, mais sans être angoissés ; nous sommes déconcertés, mais non désemparés ; nous sommes pourchassés, mais non pas abandonnés ; terrassés, mais non pas anéantis. Toujours nous portons, dans notre corps, la mort de Jésus, afin que la vie de Jésus, elle aussi, soit manifestée dans notre corps. En effet, nous, les vivants, nous sommes continuellement livrés à la mort à cause de Jésus, afin que la vie de Jésus, elle aussi, soit manifestée dans notre condition charnelle vouée à la mort. Ainsi la mort fait son œuvre en nous, et la vie en vous. L'Écriture dit : *J'ai cru, c'est pourquoi j'ai parlé.* Et nous aussi, qui avons le même esprit de foi, nous croyons, et c'est pourquoi nous parlons. Car, nous le savons, celui qui a ressuscité le Seigneur Jésus nous ressuscitera, nous aussi, avec Jésus, et il nous placera près de lui avec vous. Et tout cela, c'est pour vous, afin que la grâce, plus largement répandue dans un plus grand nombre, fasse abonder l'action de grâce pour la gloire de Dieu. – Parole du Seigneur.

Psaume 115 (116B)

℟ ***Seigneur, je t'offrirai le sacrifice d'action de grâce.***
OU ***Alléluia !***

Je crois, et je parlerai,
moi qui ai beaucoup souffert,
moi qui ai dit dans mon trouble :
« L'homme n'est que mensonge. » ℟

Il en coûte au Seigneur
de voir mourir les siens !
Ne suis-je pas, Seigneur, ton serviteur,
moi, dont tu brisas les chaînes ? ℟

Je t'offrirai le sacrifice d'action de grâce,
j'invoquerai le nom du Seigneur.
Je tiendrai mes promesses au Seigneur,
oui, devant tout son peuple. ℟

Acclamation de l'Évangile

Alléluia. Alléluia. Vous brillez comme des astres dans l'univers en tenant ferme la parole de vie. ***Alléluia.***

Évangile de Jésus Christ

selon saint Matthieu (5, 27-32)

« Tout homme qui regarde une femme avec convoitise a déjà commis l'adultère »

En ce temps-là, Jésus disait à ses disciples : « Vous avez appris qu'il a été dit : *Tu ne commettras pas d'adultère.* Eh bien ! moi, je vous dis : Tout homme qui regarde une femme avec convoitise a déjà commis l'adultère avec elle dans son cœur. Si ton œil droit entraîne ta chute, arrache-le et jette-le loin de toi, car mieux vaut pour toi perdre un de tes membres que d'avoir ton corps tout entier jeté dans la géhenne. Et si ta main droite entraîne ta chute, coupe-la* et jette-la loin de toi, car mieux vaut pour toi perdre un de tes membres que d'avoir ton corps tout entier qui s'en aille dans la géhenne. Il a été dit également : *Si quelqu'un renvoie sa femme, qu'il lui donne un acte de répudiation.* Eh bien ! moi, je vous dis : Tout homme qui renvoie sa femme, sauf en cas d'union illégitime, la pousse à l'adultère ; et si quelqu'un épouse une femme renvoyée, il est adultère. »

Prière sur les offrandes

Regarde, Seigneur, les offrandes déposées sur ton autel en l'honneur de saint Antoine de Padoue ; et, comme tu lui as donné la gloire par ces saints mystères, accorde-nous largement ton pardon. Par le Christ, notre Seigneur. ***— Amen.***

Antienne de la communion

Heureux le serviteur que son maître,
en arrivant, trouvera vigilant !
Amen, je vous le déclare :
il l'établira sur tous ses biens.
(cf. Mt 24, 46-47)

OU

Voici le serviteur fidèle et avisé
que le maître a établi sur sa maison,
pour donner à chacun,
en temps voulu, sa part de blé.
(cf. Lc 12, 42)

Prière après la communion

Par cette communion à la table du ciel, Dieu tout-puissant, raffermis et augmente les forces d'en haut en tous ceux qui célèbrent la fête de saint Antoine de Padoue ; aide-nous à garder dans son intégrité le don de la foi, et à marcher sur le chemin du salut qui nous est proposé. Par le Christ, notre Seigneur. — ***Amen.***

INVITATION

Je peux aller lire sur www.vatican.va la catéchèse du 10 février 2010 que Benoît XVI consacrait à saint Antoine de Padoue, fêté aujourd'hui, expliquant qu'il plaçait « toujours le Christ au centre de la vie et de la pensée, de l'action et de la prédication ».

COMMENTAIRE

Au cœur

Matthieu 5, 27-32

Il est le lieu de la rencontre avec nous-mêmes et avec les autres ; il est aussi le lieu de bien des combats : le cœur est souvent l'alliance de tous les contraires ! Jésus nous le dit aujourd'hui : l'homme peut déjà commettre l'adultère « dans son cœur ». Alors, quand nous sommes pris par des pensées noires qui sourdent et jaillissent de notre cœur, ne nous effrayons pas, mais partons patiemment à la recherche de l'amour de Dieu qui est là aussi, tout proche, au plus profond de nous-mêmes. ■

***Bertrand Lesoing,** prêtre de la communauté Saint-Martin*

❊ CLÉ DE LECTURE

« Coupe-la »

Matthieu 5, 29 *(p. 100)*

Ce petit texte est souvent sous-titré « Adultère et scandale », car il est encadré par la dénonciation de l'adultère. Mais il faut s'arrêter davantage sur le caractère excessif et étrange des injonctions « arrache-le, coupe-la » : suffirait-il de se mutiler pour ne plus pécher ? De plus, pourquoi cette outrance qui ôte au propos toute crédibilité ? N'est-ce pas pour attirer l'attention, au-delà de la convoitise, sur ce qu'est vraiment le péché ? Un non-respect de l'autre et de soi-même, qui est une atteinte non seulement au corps humain, mais aussi au corps social que nous formons, à ce corps d'humanité auquel nous participons. Le non-respect de l'autre, quel qu'il soit, détruit les corps et atteint l'humanité tout entière qui s'en trouve abîmée, amputée. ■

***Roselyne Dupont-Roc,** bibliste*

SAMEDI 14 JUIN 2025

10E SEMAINE DU TEMPS ORDINAIRE COULEUR LITURGIQUE : VERT

Temps ordinaire, *suggestion d'oraisons et d'antiennes n° 3*
ou **bienheureuse Vierge Marie,** *voir p. 107*

Antienne d'ouverture

Chantez au Seigneur un chant nouveau,
chantez au Seigneur, terre entière. Devant lui, splendeur et majesté,
dans son sanctuaire, puissance et beauté. (Ps 95, 1.6)

Prière

Dieu éternel et tout-puissant, dans ta bienveillance, dirige nos actions, afin qu'au nom de ton Fils bien-aimé, nous portions des fruits en abondance. Par Jésus…
— Amen.

Lecture

de la deuxième lettre de saint Paul apôtre aux Corinthiens (5, 14-21)

« Celui qui n'a pas connu le péché, Dieu l'a pour nous identifié au péché »

Frères, l'amour du Christ nous saisit quand nous pensons qu'un seul est mort pour tous, et qu'ainsi tous ont passé par la mort. Car le Christ est mort pour tous, afin que les vivants n'aient plus leur vie centrée sur eux-mêmes, mais sur lui, qui est mort et ressuscité pour eux. Désormais nous ne regardons plus personne d'une manière simplement humaine : si nous avons connu le Christ de cette manière, maintenant nous ne le connaissons plus ainsi. Si donc quelqu'un est dans le Christ, il

est une créature nouvelle. Le monde ancien s'en est allé, un monde nouveau est déjà né. Tout cela vient de Dieu : il nous a réconciliés avec lui par le Christ, et il nous a donné le ministère de la réconciliation. Car c'est bien Dieu qui, dans le Christ, réconciliait le monde avec lui : il n'a pas tenu compte des fautes, et il a déposé en nous la parole de la réconciliation. Nous sommes donc les ambassadeurs du Christ, et par nous c'est Dieu lui-même qui lance un appel : nous le demandons au nom du Christ, laissez-vous réconcilier avec Dieu. Celui qui n'a pas connu le péché, Dieu l'a pour nous identifié au péché, afin qu'en lui nous devenions justes de la justice même de Dieu.
– Parole du Seigneur.

Psaume 102 (103)

℟ ***Le Seigneur est tendresse et pitié.***

Bénis le Seigneur, ô mon âme,
bénis son nom très saint, tout mon être !
Bénis le Seigneur, ô mon âme,
n'oublie aucun de ses bienfaits ! ℟

Car il pardonne toutes tes offenses
et te guérit de toute maladie ;
il réclame ta vie à la tombe
et te couronne d'amour et de tendresse. ℟

Le Seigneur est tendresse et pitié,
lent à la colère et plein d'amour ;
il n'est pas pour toujours en procès,
ne maintient pas sans fin ses reproches. ℟

Comme le ciel domine la terre,
fort est son amour pour qui le craint ;
aussi loin qu'est l'orient de l'occident,
il met loin de nous nos péchés. ℟

Acclamation de l'Évangile

Alléluia. Alléluia. Incline mon cœur vers tes exigences ; fais-moi la grâce de ta loi, Seigneur. **Alléluia.**

Évangile de Jésus Christ

selon saint Matthieu (5, 33-37)

« Moi, je vous dis de ne pas jurer du tout »

En ce temps-là, Jésus disait à ses disciples : « Vous avez encore appris qu'il a été dit aux anciens : ***Tu ne manqueras pas à tes serments, mais tu t'acquitteras de tes serments envers le Seigneur.*** **Eh bien ! moi, je vous dis de ne pas jurer du tout, ni par le ciel, car c'est le trône de Dieu, ni par la terre, car elle est son marchepied, ni par Jérusalem, car elle est la Ville du grand Roi. Et ne jure pas non plus sur ta tête, parce que tu ne peux pas rendre un seul de tes cheveux blanc ou noir. Que votre parole soit "oui", si c'est "oui", "non", si c'est "non". Ce qui est en plus vient du Mauvais. »**

Prière sur les offrandes

Accueille avec bienveillance nos présents, nous t'en prions, Seigneur : qu'ils soient sanctifiés et servent ainsi à notre salut. Par le Christ, notre Seigneur. **— *Amen.***

Antienne de la communion

Approchez du Seigneur :
resplendissez de sa lumière, sans
ombre ni trouble au visage. (cf. Ps 33, 6)

OU
Je suis la lumière du monde,
dit le Seigneur.
Celui qui me suit ne marchera pas
dans les ténèbres :
il aura la lumière de la vie.
(Jn 8, 12)

Prière après la communion

Nous t'en prions, Dieu tout-puissant ; nous recevons de toi la grâce qui fait vivre : fais que nous trouvions toujours notre gloire dans ce que tu nous donnes. Par le Christ, notre Seigneur.
— *Amen.*

INVITATION

C'est la Journée mondiale du don du sang.
Si je le peux, pourquoi ne pas accomplir ce geste simple de solidarité ?

COMMENTAIRE

Notre parole

Matthieu 5, 33-37

De la clarté, nous demande aujourd'hui le Seigneur : « Que votre parole soit "oui", si c'est "oui", "non", si c'est "non". » Notre parole se doit d'être limpide, franche, vraie. Car, au fond, toute parole est une parole donnée, aux autres, à Dieu ou à nous-mêmes. À ce titre, elle nous engage. La fidélité à la parole donnée n'est pas un carcan ou un fardeau ; au contraire, elle est une alliance, un pont jeté vers l'autre et vers le Christ, la Parole faite chair. ■

***Bertrand Lesoing**, prêtre de la communauté Saint-Martin*

Bienheureuse Vierge Marie

Couleur liturgique : blanc ou vert

Les samedis du temps ordinaire où il n'y a pas de mémoire obligatoire, on peut faire mémoire de la Vierge Marie, selon une tradition qui honore la foi et l'espérance sans défaut de Marie le Samedi saint.

Antienne d'ouverture

Bienheureuse es-tu, Vierge Marie :
tu as porté le Créateur de l'univers,
tu as mis au monde celui qui t'a faite,
et tu demeures toujours vierge.

Prière

Dieu de miséricorde, viens au secours de notre faiblesse : puisque nous faisons mémoire de la sainte Mère de Dieu, fais que, soutenus par son intercession, nous soyons relevés de nos péchés. Par Jésus…
— Amen.

Prière sur les offrandes

En rendant hommage à la Mère de ton Fils, Seigneur, nous te supplions : que le sacrifice offert en ce jour fasse de nous, par le don de ta grâce, une éternelle offrande à ta gloire. Par le Christ, notre Seigneur. ***— Amen.***

Préface de la Vierge Marie, p. 239.

Antienne de la communion

Le Puissant fit pour moi
des merveilles ; Saint est son nom.
(Lc 1, 49)

Prière après la communion

Tu nous as fait participer à la rédemption éternelle, et nous te prions, Seigneur : alors que nous faisons mémoire de la Mère de ton Fils, comble-nous de la plénitude de ta grâce, et fais-nous éprouver toujours davantage les effets du salut. Par le Christ, notre Seigneur. ***— Amen.***

DIMANCHE 15 JUIN 2025

SAINTE TRINITÉ

ANNÉE C – COULEUR LITURGIQUE : BLANC

© Catherine Chion

« L'Esprit reçoit ce qui vient de moi pour vous le faire connaître. » Jean 16, 15

Au nom du Père, et du Fils et du Saint-Esprit. Lorsque nous faisons le signe de croix, nous nous rappelons que Dieu est à la fois Père, Fils et Esprit Saint. Le Père a envoyé son Fils dans le monde. Mort et ressuscité, Jésus ne nous laisse pas orphelins. Il nous envoie l'Esprit de son Père. Avec joie, remercions Dieu de nous avoir donné le bonheur de le connaître et de marcher sur ses traces.

RITES INITIAUX

Chant d'entrée *(Suggestions p. 260)*

OU

Antienne d'ouverture

Béni soit Dieu le Père, et le Fils unique de Dieu,
ainsi que le Saint-Esprit, car il nous a montré sa miséricorde.

Suggestion de préparation pénitentielle *(ou p. 228)*

Frères et sœurs, en ce jour où nous célébrons la solennité de la Sainte Trinité, préparons-nous à célébrer le mystère de l'eucharistie, en reconnaissant que nous avons péché.

Seigneur Jésus, toi qui nous révèles la tendresse du Père, tu nous apprends le chemin de la vérité et de l'amour. Seigneur, prends pitié.

— Seigneur, prends pitié.

Ô Christ, toi le Dieu fait homme, tu es venu guérir et sauver le monde. Ô Christ, prends pitié.

— Ô Christ, prends pitié.

Seigneur, toi qui nous as promis d'envoyer le Saint-Esprit, tu nous apprends à choisir la vie et à avancer avec assurance. Seigneur, prends pitié.

— Seigneur, prends pitié.

Que Dieu tout-puissant nous fasse miséricorde ; qu'il nous pardonne nos péchés et nous conduise à la vie éternelle. ***— Amen.***

Gloire à Dieu *(p. 231)*

Prière

Dieu notre Père, tu as envoyé dans le monde le Verbe de vérité et l'Esprit qui sanctifie pour révéler aux hommes ton admirable mystère ; donne-nous de professer la vraie foi en reconnaissant la gloire de l'éternelle Trinité, en adorant son Unité dans sa toute-puissance. Par Jésus… ***— Amen.***

LITURGIE DE LA PAROLE

Lecture du livre des Proverbes (8, 22-31)

La Sagesse a été conçue avant l'apparition de la terre

Écoutez ce que déclare la Sagesse de Dieu : « Le Seigneur m'a faite pour lui, principe de son action, première de ses œuvres, depuis toujours. Avant les siècles j'ai été formée, dès le commencement, avant l'apparition de la terre.

« Quand les abîmes n'existaient pas encore, je fus enfantée, quand n'étaient pas les sources jaillissantes. Avant que les montagnes ne soient fixées, avant les collines, je fus enfantée, avant que le Seigneur n'ait fait la terre et l'espace, les éléments primitifs du monde.

« Quand il établissait les cieux, j'étais là, quand il traçait l'horizon à la surface de l'abîme, qu'il amassait les nuages dans les hauteurs

et maîtrisait les sources de l'abîme, quand il imposait à la mer ses limites, si bien que les eaux ne peuvent enfreindre son ordre, quand il établissait les fondements de la terre. Et moi, je grandissais à ses côtés.
« Je faisais ses délices jour après jour, jouant devant lui à tout moment, jouant dans l'univers, sur sa terre, et trouvant mes délices avec les fils des hommes. »
– Parole du Seigneur.

Psaume 8

℟ ***Ô Seigneur, notre Dieu, qu'il est grand, ton nom, par toute la terre !***

T. : AELF; M. : G. Previdi; Éd. : ADF.

℟ ***Ô Seigneur, notre Dieu, qu'il est grand, ton nom, par toute la terre !***

À voir ton ciel, ouvrage de tes doigts,
la lune et les étoiles que tu fixas,
qu'est-ce que l'homme pour que tu penses à lui,
le fils d'un homme, que tu en prennes souci ? ℟

Tu l'as voulu un peu moindre qu'un dieu,
le couronnant de gloire et d'honneur ;
tu l'établis sur les œuvres de tes mains,
tu mets toute chose à ses pieds. ℟

Les troupeaux de bœufs et de brebis,
et même les bêtes sauvages,
les oiseaux du ciel et les poissons de la mer,
tout ce qui va son chemin dans les eaux. ℟

Écoutez ce psaume sur **www.prionseneglise.fr/messe-du-dimanche**

Lecture de la lettre de saint Paul apôtre aux Romains (5, 1-5)

Vers Dieu par le Christ dans l'amour répandu par l'Esprit

Frères, nous qui sommes devenus justes par la foi, nous voici en paix avec Dieu par notre Seigneur Jésus Christ, lui qui nous a donné, par la foi, l'accès à cette grâce dans laquelle nous sommes établis ; et nous mettons notre fierté dans l'espérance d'avoir part à la gloire de Dieu. Bien plus, nous mettons notre fierté dans la

détresse elle-même, puisque la détresse, nous le savons, produit la persévérance ; la persévérance produit la vertu éprouvée ; la vertu éprouvée produit l'espérance ; et l'espérance ne déçoit pas, puisque l'amour de Dieu a été répandu dans nos cœurs par l'Esprit Saint qui nous a été donné.
– Parole du Seigneur.

Acclamation de l'Évangile

Alléluia. Alléluia. Gloire au Père, et au Fils, et au Saint-Esprit : au Dieu qui est, qui était et qui vient ! ***Alléluia.***

T. : AELF ; M. : P. Robert.

Évangile de Jésus Christ selon saint Jean (16, 12-15)

« Tout ce que possède le Père est à moi ;
l'Esprit reçoit ce qui vient de moi pour vous le faire connaître »

En ce temps-là, Jésus disait à ses disciples : « J'ai encore beaucoup de choses à vous dire, mais pour l'instant vous ne pouvez pas les porter. Quand il viendra, lui, l'Esprit de vérité, il vous conduira dans la vérité tout entière. En effet, ce qu'il dira ne viendra pas de lui-même : mais ce qu'il aura entendu, il le dira ; et ce qui va venir, il vous le fera connaître. Lui me glorifiera, car il recevra ce qui vient de moi pour vous le faire connaître. Tout ce que possède le Père est à moi ; voilà pourquoi je vous ai dit : L'Esprit reçoit ce qui vient de moi pour vous le faire connaître. »

Homélie

Profession de foi *(p. 232)*

Suggestion de prière universelle

Le prêtre :

Envoyé par son Père, le Christ est venu dans le monde pour notre salut. En cette solennité de la Sainte Trinité, prions-le pour l'Église et pour le monde entier.

℟ ***Avec Marie ta mère, nous te supplions.***

Bayard Liturgie; M. : M. Wackenheim.

Le diacre ou un lecteur :

Loué sois-tu, ô Christ, pour les théologiens et pour les chrétiens qui cherchent à mieux comprendre les mystères de Dieu. Nous te prions pour les baptisés qui peinent à croire et traversent des doutes. Viens, Seigneur Jésus. ℟

Loué sois-tu, ô Christ, pour les gouvernants, pour nos élus qui tentent de vivre leur mission sous le souffle de ton Esprit. Nous te prions pour les citoyens persécutés dans leur pays en raison de leur foi. Viens, Seigneur Jésus. ℟

Loué sois-tu, ô Christ, pour les familles soudées et aimantes, qui trouvent force et réconfort dans la prière. Nous te prions pour les familles en proie aux tensions, à la division, à la séparation. Viens, Seigneur Jésus. ℟

Loué sois-tu, ô Christ, pour les enfants et les jeunes qui apportent joie et dynamisme à notre assemblée réunie. Nous te prions pour les jeunes et les étudiants en période d'examens. Viens, Seigneur Jésus. ℟

(Ces intentions seront adaptées ou modifiées selon les circonstances. On peut aussi s'inspirer de l'intention universelle du Saint-Père, p. 6.)

Le prêtre :
Ô Christ, toi qui as été envoyé par le Père pour sauver tous les hommes, daigne exaucer toutes nos prières, toi qui vis et règnes pour les siècles des siècles. ***– Amen.***

LITURGIE EUCHARISTIQUE

Prière sur les offrandes

Nous t'en prions, Seigneur notre Dieu : par ton nom que nous invoquons, sanctifie ces présents offerts par ceux qui te servent, et fais de nous-mêmes, par ces dons, une éternelle offrande à ta gloire. Par le Christ, notre Seigneur. ***– Amen.***

Prière eucharistique

(Préface de la Trinité)

Vraiment, il est juste et bon, pour ta gloire et notre salut, de t'offrir notre action de grâce, toujours et en tout lieu, Seigneur, Père très saint, Dieu éternel et tout-puissant. Avec ton Fils unique et le Saint-Esprit, tu es un seul Dieu, tu es un seul Seigneur, non pas en une seule personne mais une seule substance en trois personnes. Ce que nous croyons de ta gloire, parce que tu l'as révélé, nous le croyons pareillement, et de ton Fils et du Saint-Esprit ; et quand nous proclamons notre foi au Dieu éternel et véritable, nous adorons en même temps chacune des personnes, dans leur unique nature et leur égale majesté. C'est ainsi que les anges et les archanges et les plus hautes puissances des cieux, ne cessent de chanter d'une même voix, en proclamant : ***Saint ! Saint ! Saint...***

Chant de communion *(Suggestions p. 260)*

OU

Antienne de la communion

Puisque vous êtes des fils, Dieu a envoyé dans vos cœurs
l'Esprit de son Fils, qui crie *Abba,* c'est-à-dire : Père !
(cf. Ga 4, 6)

Prière après la communion

Seigneur notre Dieu, puissions-nous trouver le salut de l'âme et du corps dans notre communion à ce sacrement, en professant notre foi en la Trinité, éternelle et sainte, comme en son indivisible Unité. Par le Christ, notre Seigneur. — ***Amen.***

RITE DE CONCLUSION

Bénédiction

Envoi

COMMENTAIRE DU DIMANCHE

Anne Da, xavière

Trois font Un

Avant les siècles, dès le commencement, depuis toujours, une présence, une communion : le Seigneur m'a faite pour lui. La lecture des Proverbes fait résonner une réalité que nous ne pouvons saisir mais seulement appréhender par grâce. La figure de la Sagesse esquissée renvoie au Dieu, au-delà de tout créé, que nous ne pouvons qu'appeler « l'Inconnaissable ».
L'union profonde entre le Seigneur créateur et la Sagesse se dit en termes d'une présence. « J'étais là [...], je grandissais à ses côtés [...], je faisais ses délices jour après jour [...] trouvant mes délices avec les fils des hommes. » Une présence ouverte au créé, à l'amitié avec l'humanité.
Cette figure de la Sagesse, nous la voyons prendre corps en Jésus Fils de Dieu dans les écrits du Nouveau Testament. Lui qui

grandissait en sagesse et en grâce au cœur des siens à Nazareth. Lui qui livre sa vie, aimant jusqu'à l'extrême, pour rassembler tous les fils et filles de Dieu que nous sommes et les présenter au Père pour sa gloire. Lui qui a promis d'être avec nous chaque jour pour toujours, au cœur de notre quotidien.
Conduits par l'Esprit, nous sommes peu à peu introduits dans une connaissance intérieure du Christ Jésus pour partager avec lui, par lui et en lui une communion intime avec le Père.
Père, Fils, Esprit, trois personnes distinctes en un Dieu unique : mystère de notre foi, source de notre joie, grâce d'une espérance qui ne déçoit pas.

Puis-je repérer la manière dont l'Esprit Saint me conduit à glorifier le Père dans le concret du quotidien ?

Comment témoigner de ma foi en la Trinité sur mon lieu de travail, auprès de mon entourage ? ■

LIRE L'ÉVANGILE AVEC LES ENFANTS

Prions en Église Junior

CE QUE JE DÉCOUVRE

Cela devait être chouette d'entendre parler Jésus, de le voir guérir des aveugles, des sourds, des muets. Il a rejoint son Père et nous envoie **l'Esprit Saint, qui nous remplit de joie, de paix, de patience.** Cet Esprit parle au plus profond de notre cœur. **Il nous parle de la tendresse du Père, il nous apprend à aimer Jésus** et à annoncer la Bonne Nouvelle.

CE QUE JE VIS

As-tu déjà eu envie de vivre à l'époque de Jésus ? Pourquoi ? Pour toi, qui est l'Esprit Saint ? Sais-tu ce qu'il donne aux hommes ?

Tu peux prier : « Viens, Esprit Saint, en nos cœurs, et envoie du haut du ciel un rayon de ta lumière. »

Texte : Thibault Van Den Driessche. Illustrations : Marcelino Truong

MÉDITATION BIBLIQUE
SAINTE TRINITÉ
Psaume 8

Face aux étoiles

Depuis quand n'avons-nous pas admiré un ciel étoilé ? Comme le montre le psaume de ce jour, regarder les étoiles appelle à un questionnement de l'homme face au cosmos.

Le temps de la préparation

« Pour toujours, ta parole,
Seigneur, se dresse
dans les cieux. » (Ps 118, 89)

Le temps de l'observation

Le soir, au cœur de la nuit, le psalmiste lève les yeux et regarde le ciel. Il est marqué non par l'obscurité de l'immensité sombre mais au contraire par ce qui brille dans le noir : la lune, les étoiles. Beauté, grandeur, éclat, il fait l'expérience d'être devant une réalité qu'il n'aurait pas su créer lui-même. Peut-être faut-il comprendre ainsi le lien surprenant établi dans le psaume entre ce ciel étoilé et l'être humain. En regardant au-dessus, il s'exclame : « Qu'est-ce que l'homme pour que tu penses à lui, le fils d'un homme, que tu en prennes souci ? » Le psalmiste s'étonne qu'en étant •••

••• capable de tant de grandeur, Dieu se souvienne encore de l'humain, se révèle à lui, l'écoute, le rencontre, en prenne soin, se mette à sa hauteur. Ce questionnement parle autant de Dieu que de l'homme. Il raconte aussi bien la délicatesse de Dieu pour qui chaque élément de la Création importe que l'incroyable dignité dont l'humain est porteur.

Le temps de la méditation

Regarder les étoiles n'est jamais neutre. Abraham le sait bien, lui à qui Dieu a demandé de lever les yeux pour qu'il puisse le rencontrer dans le fond de son cœur. Par la contemplation du ciel, Abraham a compris que sa vie ne pouvait s'arrêter au connu, qu'il devait avancer et faire confiance. Regarder le ciel est un chemin d'Alliance. Comme si lever les yeux vers l'infinité au-dessus de nos têtes était le chemin le plus court pour nous relier à la confiance en Dieu dans notre vie. Les étoiles ne nous éloignent pas de notre vocation, elles nous y ramènent et nous font voir différemment notre existence. L'être humain appartient à la Création. Les étoiles racontent à leur manière que nous sommes créés à l'image de Dieu, lui-même créateur de l'univers. Nous aussi sommes capables de faire briller le monde et de le rendre lumineux. Nous aussi, quand nous nous rapprochons de l'image de Dieu dont nous sommes porteurs, sommes créateurs d'infinis.

Le temps de la prière

« Notre secours est le nom du Seigneur qui a fait le ciel et la terre. » (Ps 123, 8) ■

Marie-Laure Durand, bibliste

L'ÉVÉNEMENT
19 JUIN

1 700 ans du Credo

Il y a 1700 ans, en juin 325, se tenait le concile œcuménique de Nicée, actuelle Iznik en Turquie. Nous récitons encore aujourd'hui les mots du Credo, issu de ce concile et de celui de Constantinople.

Convoqué par l'empereur Constantin (280-337), converti au christianisme, le premier concile de Nicée, aujourd'hui Iznik en Turquie, s'est tenu du 20 mai au 25 juillet 325. « Ce sont les premiers siècles de l'Église et les formulations de la foi se cherchent encore », explique Michèle •••

© WikiMedia

Premier concile de Nicée, icône de Michel Damaskinos, 1591. Collection du monastère Sainte-Catherine-du-Sinaï (Égypte).

••• Clavier, théologienne. « Des controverses naissent autour de la véritable nature de Jésus Christ : est-il homme ou Dieu ? », poursuit-elle. Les pères du concile tranchent : Jésus est à la fois homme et Dieu. Ils condamnent ainsi la doctrine professée par Arius, prêtre d'Alexandrie (250-336), et ses disciples, qui niait l'égalité du Fils avec le Père. Le 19 juin 325, un premier Credo établit que « le Fils est de la même substance que le Père ». En 381, le concile de Constantinople dira que le Fils est « consubstantiel au Père », et que le « Saint-Esprit procède du Père et du Fils ». C'est ce Credo dit de Nicée-Constantinople que nous récitons encore aujourd'hui *(voir p. 232)*.

Le concile de Nicée est le premier concile « œcuménique » parce qu'il a réuni environ trois cents évêques de toutes les provinces de l'Empire romain. Les pères y ont également fixé la date de la célébration de Pâques. ■

Geneviève Pasquier, journaliste

UN JALON IMPORTANT

« Le concile de Nicée est une pierre milliaire dans l'histoire de l'Église. Son anniversaire invite les chrétiens à s'unir dans la louange et l'action de grâce à la Sainte Trinité et en particulier à Jésus Christ, le Fils de Dieu, "consubstantiel au Père", qui nous a révélé ce mystère d'amour », a écrit le pape François dans *Spes non confundit,* la bulle d'indiction du jubilé 2025.

LUNDI 16 JUIN 2025

11E SEMAINE DU TEMPS ORDINAIRE COULEUR LITURGIQUE : VERT

Temps ordinaire, *suggestion d'oraisons et d'antiennes n° 4*

Antienne d'ouverture

Sauve-nous, Seigneur notre Dieu ; rassemble-nous du milieu des nations, que nous rendions grâce à ton saint nom, fiers de chanter ta louange !

(Ps 105, 47)

Prière

Accorde-nous, Seigneur notre Dieu, de pouvoir t'adorer de tout notre esprit, et d'avoir envers tous une vraie charité. Par Jésus… ***— Amen.***

15 - 21

Lecture

de la deuxième lettre de saint Paul apôtre aux Corinthiens (6, 1-10)

« Nous nous recommandons comme des ministres de Dieu »

Frères, en tant que coopérateurs de Dieu, nous vous exhortons encore à ne pas laisser sans effet la grâce reçue de lui. Car il dit dans l'Écriture : *Au moment favorable je t'ai exaucé, au jour du salut je t'ai secouru.* Le voici maintenant le moment favorable, le voici maintenant le jour du salut. Pour que notre ministère ne soit pas exposé à la critique, nous veillons à ne choquer personne en rien. Au contraire, en tout, nous nous recommandons nous-mêmes comme des ministres de Dieu : par beaucoup d'endurance, dans les détresses, les difficultés, les angoisses, les coups, la prison, les émeutes, les fatigues, le manque de sommeil et de nourriture, par la chasteté, la connaissance, la patience et la bonté, la sainteté de l'esprit et la sincérité de l'amour, par une parole de vérité, par une puissance qui vient de Dieu ; nous nous présentons avec les armes de la justice pour l'attaque et la défense, dans la gloire et le mépris, dans la mauvaise et la bonne réputation. On nous traite d'imposteurs, et nous disons la vérité ; on nous prend pour des inconnus, et nous sommes très connus ; on nous croit mourants, et nous sommes bien vivants ; on nous punit, et nous ne sommes pas mis à mort ; on nous croit tristes, et nous sommes toujours joyeux ; pauvres, et nous faisons tant de riches ; démunis de tout, et nous possédons tout.

– Parole du Seigneur.

Psaume 97 (98)

℞ ***Le Seigneur a fait connaître son salut.***

Chantez au Seigneur un chant nouveau,
car il a fait des merveilles ;
par son bras très saint, par sa main puissante,
il s'est assuré la victoire. ℞

Le Seigneur a fait connaître sa victoire
et révélé sa justice aux nations ;
il s'est rappelé sa fidélité, son amour,
en faveur de la maison d'Israël. ℞

La terre tout entière a vu
la victoire de notre Dieu.
Acclamez le Seigneur, terre entière,
sonnez, chantez, jouez ! ℞

Acclamation de l'Évangile

Alléluia. Alléluia. Ta parole est la lumière de mes pas, la lampe de ma route. ***Alléluia.***

Évangile de Jésus Christ

selon saint Matthieu (5, 38-42)

« Moi, je vous dis de ne pas riposter au méchant »

En ce temps-là, Jésus disait à ses disciples : « Vous avez appris qu'il a été dit : *Œil pour œil,* et *dent pour dent.* Eh bien ! moi, je vous dis de ne pas riposter au méchant ; mais si quelqu'un te gifle sur la joue droite, tends-lui encore l'autre. Et si quelqu'un veut te poursuivre en justice et prendre ta tunique, laisse-lui encore ton manteau. Et si quelqu'un te réquisitionne pour faire mille pas, fais-en deux mille avec lui. À qui te demande, donne ; à qui veut t'emprunter, ne tourne pas le dos ! »

Prière sur les offrandes

Pour te servir, Seigneur, nous déposons nos présents sur ton autel : accueille-les favorablement, pour qu'ils deviennent le sacrement de notre rédemption. Par le Christ, notre Seigneur. ***— Amen.***

Antienne de la communion

Sur ton serviteur,
que s'illumine ta face ;
sauve-moi dans ta miséricorde.

Seigneur, garde-moi d'être humilié,
car je t'ai invoqué.
(cf. Ps 30, 17-18)

OU

Heureux les pauvres de cœur,
car le royaume des Cieux est à eux.
Heureux les doux, car ils recevront
la terre en héritage.
(Mt 5, 3.5)

Prière après la communion

Nous avons été fortifiés par le sacrement de notre rédemption, et nous t'en prions, Seigneur : que cette nourriture pour le salut éternel nous fasse progresser dans la foi véritable. Par le Christ, notre Seigneur. — ***Amen.***

INVITATION

Je pourrais chercher à savoir s'il n'y a pas une veillée d'adoration proche de chez moi pour me préparer à la fête du Saint-Sacrement, dimanche prochain.

COMMENTAIRE

Liberté authentique

Matthieu 5, 38-42

L'Ancien Testament vise à réguler la violence dans les relations interpersonnelles et communautaires. Jésus demande d'aller plus loin. Il ne s'agit pas pour autant de laisser carte blanche au mal mais de le vaincre en refusant d'entrer dans sa spirale mortifère. Ce qui suppose de savoir discerner l'attitude ajustée et, donc, d'avoir au préalable travaillé sur soi-même pour atteindre une authentique liberté intérieure. Celle-là même que le Christ – qui a su dénoncer le mal – a voulu nous donner. ■

Emmanuelle Billoteau, ermite

MARDI 17 JUIN 2025

11[E] SEMAINE DU TEMPS ORDINAIRE COULEUR LITURGIQUE : VERT

Temps ordinaire, *suggestion d'oraisons et d'antiennes n° 5*

Antienne d'ouverture

Venez, adorons Dieu, prosternons-nous devant le Seigneur qui nous a faits, car il est notre Dieu.

(cf. Ps 94, 6-7)

Prière

Dans ton inlassable tendresse, nous t'en prions, Seigneur, veille sur ta famille : elle s'appuie sur la grâce du ciel, son unique espérance ; qu'elle soit toujours assurée de ta protection. Par Jésus… — ***Amen.***

Lecture

de la deuxième lettre de saint Paul apôtre aux Corinthiens (8, 1-9)

« Le Christ s'est fait pauvre à cause de vous »

Frères, nous voulons vous faire connaître la grâce que Dieu a accordée aux Églises de Macédoine. Dans les multiples détresses qui les mettaient à l'épreuve, l'abondance de leur joie et leur extrême pauvreté ont débordé en trésors de générosité. Ils y ont mis tous leurs moyens, et davantage même, j'en suis témoin ; spontanément, avec grande insistance, ils nous ont demandé comme une grâce de pouvoir s'unir à nous pour aider les fidèles de Jérusalem. Au-delà même de nos espérances, ils

se sont eux-mêmes donnés d'abord au Seigneur, et ensuite à nous, par la volonté de Dieu. Et comme Tite avait déjà commencé, chez vous, cette œuvre généreuse, nous lui avons demandé d'aller jusqu'au bout. Puisque vous avez tout en abondance, la foi, la Parole, la connaissance de Dieu, toute sorte d'empressement et l'amour qui vous vient de nous, qu'il y ait aussi abondance dans votre don généreux ! Ce n'est pas un ordre que je donne, mais je parle de l'empressement des autres pour vérifier l'authenticité de votre charité. Vous connaissez en effet le don généreux de notre Seigneur Jésus Christ : lui qui est riche, il s'est fait pauvre à cause de vous, pour que vous deveniez riches par sa pauvreté.
– Parole du Seigneur.

Psaume 145 (146)

℟ ***Chante, ô mon âme, la louange du Seigneur !***
OU ***Alléluia !***

Je veux louer le Seigneur
tant que je vis,
chanter mes hymnes pour mon Dieu
tant que je dure. ℟

Heureux qui s'appuie sur le Dieu de Jacob,
qui met son espoir dans le Seigneur son Dieu,
lui qui a fait le ciel et la terre
et la mer et tout ce qu'ils renferment ! ℟

Il garde à jamais sa fidélité,
il fait justice aux opprimés,
aux affamés, il donne le pain ;
le Seigneur délie les enchaînés. ℟

Le Seigneur ouvre les yeux des aveugles,
le Seigneur redresse les accablés,
le Seigneur aime les justes,
le Seigneur protège l'étranger. ℟

Acclamation de l'Évangile

Alléluia. Alléluia. Je vous donne un commandement nouveau, dit le Seigneur : « Aimez-vous les uns les autres, comme je vous ai aimés. » ***Alléluia.***

Évangile de Jésus Christ

selon saint Matthieu (5, 43-48)

« Aimez vos ennemis »

En ce temps-là, Jésus disait à ses disciples : « Vous avez appris qu'il a été dit : *Tu aimeras ton prochain et tu haïras ton ennemi.* Eh bien ! moi, je vous dis : Aimez vos ennemis, et priez pour ceux qui vous persécutent, afin d'être vraiment les fils de votre Père qui est aux cieux ; car il fait lever son soleil sur les méchants et sur les bons*, il fait tomber la pluie sur les justes et sur les injustes. En effet, si vous aimez ceux qui vous aiment, quelle récompense méritez-vous ? Les publicains eux-mêmes n'en font-ils pas autant ? Et si vous ne saluez que vos frères, que faites-vous d'extraordinaire ? Les païens eux-mêmes n'en font-ils pas autant ? Vous donc, vous serez parfaits comme votre Père céleste est parfait. »

Prière sur les offrandes

Seigneur notre Dieu, tu as choisi dans ta création ces aliments qui soutiennent notre fragilité ; nous t'en prions : fais qu'ils deviennent aussi pour nous le sacrement de la vie éternelle. Par le Christ, notre Seigneur. ***— Amen.***

Antienne de la communion

Qu'ils rendent grâce au Seigneur
pour sa miséricorde, pour ses
merveilles envers les hommes :
car il rassasie l'âme épuisée,
il comble de biens celle qui a faim !
(cf. Ps 106, 8-9)

OU

Heureux ceux qui pleurent,
car ils seront consolés.
Heureux ceux qui ont faim et soif
de la justice, car ils seront rassasiés.
(Mt 5, 4.6)

Prière après la communion

Tu as voulu, Seigneur Dieu, que nous ayons part au même pain et à la même coupe ; nous t'en prions : puisque nous sommes devenus un dans le Christ, que notre manière de vivre nous donne la joie de porter du fruit pour le salut du monde. Par le Christ, notre Seigneur.
— *Amen.*

INVITATION

Aujourd'hui, oserais-je faire un pas vers une personne avec laquelle j'ai du mal à m'entendre ?

COMMENTAIRE

L'aventure intérieure

Matthieu 5, 43-48

Contempler le Christ, contempler le Père pour nous laisser gagner par un amour qui a sa source en eux : telle est l'invitation de l'évangile. Ce qui suppose de dépasser les affinités que crée l'appartenance à un même groupe familial, social, religieux et de vouloir s'ouvrir à l'altérité même lorsque celle-ci nous blesse profondément. Vouloir aimer comme Dieu aime ne relève pas du sentiment mais implique de s'aventurer plus profondément en soi-même, là où vit l'Esprit de sainteté. ■

***Emmanuelle Billoteau**, ermite*

✲ CLÉ DE LECTURE

« Sur les bons »

Matthieu 5, 45 *(p. 131)*

La pluie ne choisit pas ! Un constat de sagesse, certes, mais qui pose question si on le rapporte à Dieu et à sa justice. N'y aurait-il à ses yeux aucune différence entre les bons et les méchants, les justes et les injustes ? Le discours de Jésus vise à déplacer notre conception spontanée de la justice. Si Dieu agit ainsi, qui sommes-nous pour décider du juste et de l'injuste, du bien et du mal ? La pente est glissante, car il nous faut tenter de vivre en justes. Mais Jésus veut nous faire sortir du dilemme par le haut. Il ne prône ni la faiblesse ni la résignation devant le mal, mais il invite à un regard différent, celui d'un Père qui n'abandonne jamais aucun de ses enfants, malgré leurs révoltes et leurs refus, qui toujours espère en eux. ■

***Roselyne Dupont-Roc**, bibliste*

MERCREDI 18 JUIN 2025

11[E] SEMAINE DU TEMPS ORDINAIRE COULEUR LITURGIQUE : VERT

Temps ordinaire, *suggestion d'oraisons et d'antiennes n° 6*

Antienne d'ouverture

Sois pour moi le Dieu qui protège, un lieu de refuge
pour me sauver. Car tu es mon appui et mon refuge :
à cause de ton nom, tu seras mon guide et tu me nourriras.
(cf. Ps 30, 3-4)

Prière

Seigneur Dieu, tu as promis d'habiter les cœurs droits et sincères ; donne-nous, par ta grâce, de vivre de telle manière que tu puisses faire en nous ta demeure. Par Jésus… — ***Amen.***

Lecture

de la deuxième lettre de saint Paul apôtre aux Corinthiens (9, 6-11)

« Dieu aime celui qui donne joyeusement »

Frères, rappelez-vous le proverbe : À semer trop peu, on récolte trop peu ; à semer largement, on récolte largement. Que chacun donne comme il a décidé dans son cœur, sans regret et sans contrainte, car Dieu aime celui qui donne joyeusement*. Et Dieu est assez puissant pour vous donner toute grâce en abondance, afin que vous ayez, en toute chose et toujours, tout ce qu'il vous faut, et même que vous ayez en abondance de quoi faire

toute sorte de bien. L'Écriture dit en effet de l'homme juste : *Il distribue, il donne aux pauvres ; sa justice demeure à jamais.* Dieu, qui fournit la semence au semeur et le pain pour la nourriture, vous fournira la graine ; il la multipliera, il donnera la croissance à ce que vous accomplirez dans la justice. Il vous rendra riches en générosité de toute sorte, ce qui suscitera notre action de grâce envers Dieu.
– Parole du Seigneur.

Psaume 111 (112)

℟ ***Heureux qui craint le Seigneur.***
OU ***Alléluia !***

Heureux qui craint le Seigneur,
qui aime entièrement sa volonté !
Sa lignée sera puissante sur la terre ;
la race des justes est bénie. ℟

Les richesses affluent dans sa maison :
à jamais se maintiendra sa justice.
Lumière des cœurs droits,
il s'est levé dans les ténèbres,
homme de justice, de tendresse et de pitié. ℟

L'homme de bien a pitié, il partage,
à pleines mains, il donne au pauvre ;
à jamais se maintiendra sa justice,
sa puissance grandira, et sa gloire ! ℟

Acclamation de l'Évangile

Alléluia. Alléluia. Si quelqu'un m'aime, il gardera ma parole, dit le Seigneur ; mon Père l'aimera, et nous viendrons vers lui. ***Alléluia.***

Évangile de Jésus Christ

selon saint Matthieu (6, 1-6.16-18)

« Ton Père qui voit dans le secret te le rendra »

En ce temps-là, Jésus disait à ses disciples : « Ce que vous faites pour devenir des justes, évitez de l'accomplir devant les hommes pour vous faire remarquer. Sinon, il n'y a pas de récompense pour vous auprès de votre Père qui est aux cieux. Ainsi, quand tu fais l'aumône, ne fais pas sonner la trompette devant toi, comme les hypocrites qui se donnent en spectacle dans les synagogues et dans les rues, pour obtenir la gloire qui vient des hommes. Amen, je vous le déclare : ceux-là ont reçu leur récompense. Mais toi, quand tu fais l'aumône, que ta main gauche ignore ce que fait ta main droite, afin que ton aumône reste dans le secret ; ton Père qui voit dans le secret te le rendra. Et quand vous priez, ne soyez pas comme les hypocrites : ils aiment à se tenir debout dans les synagogues et aux carrefours pour bien se montrer aux hommes quand ils prient. Amen, je vous le déclare : ceux-là ont reçu leur récompense. Mais toi, quand tu pries, retire-toi dans ta pièce la plus retirée, ferme la porte, et prie ton Père qui est présent dans le secret ; ton Père qui voit dans le secret te le rendra. Et quand vous jeûnez, ne prenez pas un air abattu, comme les hypocrites : ils prennent une mine défaite pour bien montrer aux hommes qu'ils jeûnent.

Amen, je vous le déclare : ceux-là ont reçu leur récompense. Mais toi, quand tu jeûnes, parfume-toi la tête et lave-toi le visage ; ainsi, ton jeûne ne sera pas connu des hommes, mais seulement de ton Père qui est présent au plus secret ; ton Père qui voit au plus secret te le rendra. »

Prière sur les offrandes

Que cette offrande, nous t'en prions, Seigneur, nous purifie et nous renouvelle ; qu'elle devienne pour ceux qui accomplissent ta volonté la cause de la récompense éternelle. Par le Christ, notre Seigneur. — ***Amen.***

Antienne de la communion

Ils mangèrent, ils furent rassasiés,
Dieu comblait leur désir, leur attente
ne fut pas trompée. (Ps 77, 29-30)

OU

Dieu a tant aimé le monde
qu'il a donné son Fils unique : ainsi,
celui qui croit en lui ne périra pas,
mais il obtiendra la vie éternelle.
(Jn 3, 16)

Prière après la communion

Tu nous as fait goûter, Seigneur, aux joies du ciel, et nous te prions : donne-nous de toujours désirer ce qui nous fait vivre en vérité. Par le Christ, notre Seigneur. — ***Amen.***

INVITATION

Je peux faire un don à une association caritative
et garder cette action humblement dans mon cœur.

COMMENTAIRE

Sous le regard de Dieu Matthieu 6, 1-6.16-18

Jésus nous incite à vivre sous le regard de Dieu et non sous le regard des hommes, qu'il s'agisse de la prière ou du jeûne. Il nous invite donc, pour reprendre la très belle expression de saint Grégoire le Grand à propos de saint Benoît, à « habiter avec nous-mêmes ». Mais ne nous affolons pas si nous nous rendons compte qu'il nous arrive d'agir pour la « galerie ». Le tout étant d'être conscients de nos motivations et prêts à nous laisser conduire plus loin par l'Esprit. ■ ***Emmanuelle Billoteau,** ermite*

✲ CLÉ DE LECTURE

« Qui donne joyeusement » 2 Corinthiens 9, 7 *(p. 134)*

Pour convaincre les Corinthiens de participer à la collecte en faveur des chrétiens de Jérusalem menacés par la famine, Paul entonne un hymne à la générosité : Dieu aime le donateur joyeux, « hilare » dit le livre grec des Proverbes ! Si le juste est invité à donner largement, c'est parce que Dieu lui-même ne cesse de donner. La générosité humaine n'est jamais que la conséquence et le reflet de la prodigieuse profusion de Dieu, qui donne à tous la semence et le pain, qui nourrit et fait croître. Donner, si peu que ce soit, c'est entrer dans le mouvement même de la création, c'est participer au don immense de la vie, à la justice et à la joie de Dieu. C'est aussi entrer dans le mouvement de la grâce donnée et rendue, l'action de grâce, *« eukharistia »*. ■

***Roselyne Dupont-Roc,** bibliste*

JEUDI 19 JUIN 2025

11ᴱ SEMAINE DU TEMPS ORDINAIRE COULEUR LITURGIQUE : VERT

Temps ordinaire, *suggestion d'oraisons et d'antiennes n° 7*
ou **saint Romuald**

Antienne d'ouverture

Seigneur, j'ai mis mon espoir en ta miséricorde ;
mon cœur a exulté dans ton salut !
Je chanterai le Seigneur pour le bien qu'il m'a fait. (cf. Ps 12, 6)

Prière

Dieu tout-puissant, nous t'en prions : accorde-nous de conformer à ta volonté nos paroles et nos actes dans une inlassable recherche des biens spirituels. Par Jésus…
— Amen.

Lecture

de la deuxième lettre de saint Paul apôtre aux Corinthiens (11, 1-11)

« Je vous ai annoncé l'Évangile de Dieu gratuitement »

Frères, pourriez-vous supporter de ma part un peu de folie ? Oui, de ma part, vous allez le supporter, à cause de mon amour jaloux qui est l'amour même de Dieu pour vous. Car je vous ai unis au seul Époux : vous êtes la vierge pure que j'ai présentée au Christ. Mais j'ai bien peur qu'à l'exemple d'Ève séduite par la ruse du serpent, votre intelligence des choses ne se corrompe en perdant la simplicité et la pureté qu'il faut avoir à l'égard du Christ. En effet, si le premier venu vous

annonce un autre Jésus, un Jésus que nous n'avons pas annoncé, si vous recevez un esprit différent de celui que vous avez reçu, ou un Évangile différent de celui que vous avez accueilli, vous le supportez fort bien ! J'estime, moi, que je ne suis inférieur en rien à tous ces super-apôtres. Je ne vaux peut-être pas grand-chose pour les discours, mais pour la connaissance de Dieu, c'est différent : nous vous l'avons montré en toute occasion et de toutes les façons. Aurais-je commis une faute lorsque, m'abaissant pour vous élever, je vous ai annoncé l'Évangile de Dieu gratuitement ? J'ai appauvri d'autres Églises en recevant d'elles l'argent nécessaire pour me mettre à votre service. Quand j'étais chez vous, et que je me suis trouvé dans le besoin, je n'ai été à charge de personne ; en effet, pour m'apporter ce dont j'avais besoin, des frères sont venus de Macédoine. En toute occasion, je me suis gardé d'être un poids pour vous, et je m'en garderai toujours. Aussi sûrement que la vérité du Christ est en moi, ce motif de fierté ne me sera enlevé dans aucune des régions de la Grèce. Pourquoi donc me comporter ainsi ? Serait-ce parce que je ne vous aime pas ? Mais si ! Et Dieu le sait.
– Parole du Seigneur.

Psaume 110 (111)

℟ ***Justesse et sûreté, les œuvres de ses mains.***
OU ***Alléluia !***

De tout cœur je rendrai grâce au Seigneur
dans l'assemblée, parmi les justes.

Grandes sont les œuvres du Seigneur ;
tous ceux qui les aiment s'en instruisent. ℟

Noblesse et beauté dans ses actions :
à jamais se maintiendra sa justice.
De ses merveilles il a laissé un mémorial ;
le Seigneur est tendresse et pitié. ℟

Justesse et sûreté, les œuvres de ses mains,
sécurité, toutes ses lois,
établies pour toujours et à jamais,
accomplies avec droiture et sûreté ! ℟

Acclamation de l'Évangile

Alléluia. Alléluia. Vous avez reçu un Esprit qui fait de vous des fils ; c'est en lui que nous crions « *Abba* », Père. ***Alléluia.***

Évangile de Jésus Christ

selon saint Matthieu (6, 7-15)

« Vous donc, priez ainsi »

En ce temps-là, Jésus disait à ses disciples : « Lorsque vous priez, ne rabâchez pas comme les païens : ils s'imaginent qu'à force de paroles ils seront exaucés. Ne les imitez donc pas, car votre Père sait de quoi vous avez besoin, avant même que vous l'ayez demandé. Vous donc, priez ainsi : Notre Père, qui es aux cieux, que ton nom soit sanctifié, que ton règne vienne, que ta volonté soit faite sur la terre comme au ciel. Donne-nous aujourd'hui notre pain de ce jour. Remets-nous nos dettes, comme nous-mêmes nous remettons leurs dettes à nos débiteurs. Et ne nous laisse pas entrer en tentation, mais délivre-nous du Mal.

« Car, si vous pardonnez aux hommes leurs fautes, votre Père céleste vous pardonnera aussi. Mais si vous ne pardonnez pas* aux hommes, votre Père non plus ne pardonnera pas vos fautes. »

Prière sur les offrandes

En célébrant tes mystères, Seigneur, pour te servir comme il convient, nous te supplions humblement : que les dons offerts pour honorer ta gloire nous fassent progresser vers le salut. Par le Christ, notre Seigneur. — ***Amen.***

Antienne de la communion

De tout mon cœur, Seigneur,
je rendrai grâce,
je dirai tes innombrables merveilles ;
pour toi, j'exulterai, je danserai,
je fêterai ton nom, Dieu Très-Haut.
(Ps 9, 2-3)

OU

Seigneur, je le crois : tu es le Christ,
le Fils du Dieu vivant,
celui qui vient dans le monde.
(Jn 11, 27)

Prière après la communion

Nous t'en prions, Dieu tout-puissant : donne-nous de recueillir tous les fruits de salut dont ces mystères sont déjà la promesse et le gage. Par le Christ, notre Seigneur. — ***Amen.***

INVITATION

Et si, aujourd'hui, je chantais le Notre Père en apprenant une nouvelle mélodie ?

COMMENTAIRE

Rabâchage ? Matthieu 6, 7-15

L'évangile nous apprend à réguler notre parole dans la relation avec Dieu. Le fait de rabâcher dans la prière ne manifeste-t-il pas un manque de confiance en ce Père qui sait ce dont nous avons besoin ? Mais il est difficile d'adopter ce point de vue quand les circonstances nous sont contraires. Ce fut le cas pour Jésus à Gethsémani – « si cette coupe », mais « que ta volonté soit faite » (Mt 26, 39) – qui ne peut être qu'à nos côtés en ces moments où le mystère pascal s'invite dans nos vies. ■

***Emmanuelle Billoteau**, ermite*

✲ CLÉ DE LECTURE

« Si vous ne pardonnez pas » Matthieu 6, 15 *(p. 141)*

Ce texte semble subordonner le pardon de Dieu à notre propre démarche de pardon aux ennemis et poser cette condition première pour obtenir le pardon divin. Paul affirmait au contraire que le pardon de Dieu est premier et inconditionnel : « Alors que nous étions encore pécheurs, Christ est mort pour nous » (Rm 5, 8) ! Alors comment comprendre le « comme » que Matthieu situe au cœur du Notre Père : « remets-nous [...] comme nous avons remis » (car le verbe grec est au passé) ? L'Évangile s'adresse à des chrétiens déjà recréés par l'amour inouï de Dieu qui les a rejoints au plus bas d'eux-mêmes. Alors, dans la foi du Christ qui les habite, leur responsabilité est engagée : ce qu'ils ont reçu sans mérite, comment pourraient-ils ne pas l'offrir à d'autres ? ■

***Roselyne Dupont-Roc**, bibliste*

VENDREDI 20 JUIN 2025

11E SEMAINE DU TEMPS ORDINAIRE COULEUR LITURGIQUE : VERT

Temps ordinaire, *suggestion d'oraisons et d'antiennes n° 8*

Antienne d'ouverture

Le Seigneur s'est fait mon protecteur,
il m'a dégagé, mis au large,
il m'a libéré, car il m'aime. (cf. Ps 17, 19-20)

Prière

Nous t'en prions, Seigneur, accorde-nous de vivre dans un monde où les événements se déroulent selon ton dessein de paix, et où ton Église connaisse la joie de te servir dans la sérénité. Par Jésus… — ***Amen.***

Lecture

de la deuxième lettre de saint Paul apôtre aux Corinthiens (11, 18.21b-30)

« Ma préoccupation quotidienne, le souci de toutes les Églises »

Frères, puisque tant d'autres se vantent à la manière humaine; eh bien, je vais, moi aussi, me vanter. Si certains ont de l'audace – je parle dans un accès de folie –, j'ai de l'audace, moi aussi. Ils sont hébreux ? Moi aussi. Ils sont israélites ? Moi aussi. Ils sont de la descendance d'Abraham ? Moi aussi. Ils sont ministres du Christ ? Eh bien – je vais dire une folie – moi, je le suis davantage : dans les fatigues, bien plus; dans les prisons, bien plus; sous les coups, largement plus; en danger de mort,

très souvent. Cinq fois, j'ai reçu des Juifs les trente-neuf coups de fouet; trois fois, j'ai subi la bastonnade; une fois, j'ai été lapidé; trois fois, j'ai fait naufrage et je suis resté vingt-quatre heures perdu en pleine mer. Souvent à pied sur les routes, avec les dangers des fleuves, les dangers des bandits, les dangers venant de mes frères de race, les dangers venant des païens, les dangers de la ville, les dangers du désert, les dangers de la mer, les dangers des faux frères. J'ai connu la fatigue et la peine, souvent le manque de sommeil, la faim et la soif, souvent le manque de nourriture, le froid et le manque de vêtements, sans compter tout le reste : ma préoccupation quotidienne, le souci de toutes les Églises. Qui donc faiblit, sans que je partage sa faiblesse ? Qui vient à tomber, sans que cela me brûle ? S'il faut se vanter, je me vanterai de ce qui fait ma faiblesse. – Parole du Seigneur.

Psaume 33 (34)

℟ ***De toutes leurs angoisses, Dieu délivre les justes.***

Je bénirai le Seigneur en tout temps,
sa louange sans cesse à mes lèvres.
Je me glorifierai dans le Seigneur :
que les pauvres m'entendent
et soient en fête ! ℟

Magnifiez avec moi le Seigneur,
exaltons tous ensemble son nom.
Je cherche le Seigneur, il me répond :
de toutes mes frayeurs, il me délivre. ℟

Qui regarde vers lui resplendira,
sans ombre ni trouble au visage.
Un pauvre crie ; le Seigneur entend :
il le sauve de toutes ses angoisses. ℟

Acclamation de l'Évangile

Alléluia. Alléluia. Heureux les pauvres de cœur, car le royaume des Cieux est à eux ! ***Alléluia.***

Évangile de Jésus Christ

selon saint Matthieu (6, 19-23)

« Là où est ton trésor, là aussi sera ton cœur »

En ce temps-là, Jésus disait à ses disciples : « Ne vous faites pas de trésors sur la terre, là où les mites et les vers les dévorent, où les voleurs percent les murs pour voler. Mais faites-vous des trésors dans le ciel, là où il n'y a pas de mites ni de vers qui dévorent, pas de voleurs qui percent les murs pour voler. Car là où est ton trésor, là aussi sera ton cœur. La lampe du corps, c'est l'œil. Donc, si ton œil est limpide, ton corps tout entier sera dans la lumière ; mais si ton œil est mauvais, ton corps tout entier sera dans les ténèbres. Si donc la lumière qui est en toi est ténèbres, comme elles seront grandes, les ténèbres ! »

Prière sur les offrandes

Seigneur Dieu, ce qui est offert en l'honneur de ton nom, c'est toi qui le donnes, et tu reconnais dans ces offrandes notre attachement à ton service ; nous implorons ta bonté : que ta largesse, d'où vient notre mérite, contribue à notre récompense éternelle. Par le Christ, notre Seigneur. ***— Amen.***

Antienne de la communion

Je chanterai le Seigneur
pour le bien qu'il m'a fait ;
je fêterai le nom du Seigneur,
le Très-Haut. (cf. Ps 12, 6 ; 9a, 3)
OU
Je suis avec vous tous les jours
jusqu'à la fin du monde,
dit le Seigneur. (Mt 28, 20)

Prière après la communion

Tu nous as rassasiés, Seigneur, par ce don qui nous sauve, et nous implorons ta miséricorde : par ce même sacrement qui nous fortifie en cette vie, rends-nous, dans ta bonté, participants de la vie éternelle. Par le Christ, notre Seigneur. — ***Amen.***

INVITATION

À la veille de l'été, je me réjouis de tout ce qu'offre la nature
et je loue le Créateur.

COMMENTAIRE

Questions ouvertes Matthieu 6, 19-23

Jésus nous incite à faire le tri dans notre existence. Qu'est-ce qui compte vraiment pour nous ? Qu'est-ce qui nous donne la force de poursuivre l'aventure de la vie dans la foi, l'espérance et la charité ? Qu'est-ce qui occupe notre cœur, nos pensées ? Autant de questions à nous poser et auxquelles répondre, sans porter de jugement sur nous-mêmes. De fait, elles peuvent nous aider à avancer, à nous ouvrir à la présence de Dieu, à élargir aussi « l'espace de nos tentes » à nos semblables. ■

Emmanuelle Billoteau, *ermite*

SAMEDI 21 JUIN 2025

11E SEMAINE DU TEMPS ORDINAIRE COULEUR LITURGIQUE : BLANC

Saint Louis de Gonzague

1568-1591. Issu d'une illustre famille de Mantoue, il renonça à ses droits pour entrer chez les Jésuites. Il mourut, à 23 ans, après s'être dévoué aux pestiférés de Rome.

Antienne d'ouverture

**L'homme au cœur pur, aux mains innocentes,
celui-là peut gravir la montagne du Seigneur
et se tenir dans le lieu saint.** (cf. Ps 23, 4.3)

Prière

Seigneur Dieu, source de tous les dons spirituels, tu as uni en saint Louis de Gonzague la pratique de la pénitence et une admirable pureté de vie ; nous n'avons pas la même innocence, mais accorde-nous, à sa prière et par ses mérites, d'imiter son renoncement. Par Jésus… ***— Amen.***

Lecture

de la deuxième lettre de saint Paul apôtre aux Corinthiens (12, 1-10)

« Très volontiers, je mettrai plutôt ma fierté dans mes faiblesses »

Frères, faut-il se vanter ? Ce n'est pas utile. J'en viendrai pourtant aux visions et aux révélations reçues du Seigneur. Je sais qu'un fidèle du Christ, voici quatorze ans, a été emporté jusqu'au troisième ciel – est-ce dans son corps ? je ne sais pas ; est-ce hors de son corps ? je ne sais pas ; Dieu le sait –, mais je sais que cet homme dans cet état-là – est-ce dans son corps, est-ce sans son corps ? je ne sais pas, Dieu le sait – cet homme-là a été emporté

au paradis et il a entendu des paroles ineffables, qu'un homme ne doit pas redire. D'un tel homme, je peux me vanter, mais pour moi-même, je ne me vanterai que de mes faiblesses. En fait, si je voulais me vanter, ce ne serait pas folie, car je ne dirais que la vérité. Mais j'évite de le faire, pour qu'on n'ait pas de moi une idée plus favorable qu'en me voyant ou en m'écoutant. Et ces révélations dont il s'agit sont tellement extraordinaires que, pour m'empêcher de me surestimer, j'ai reçu dans ma chair une écharde, un envoyé de Satan qui est là pour me gifler, pour empêcher que je me surestime. Par trois fois, j'ai prié le Seigneur de l'écarter de moi. Mais il m'a déclaré : « Ma grâce te suffit, car ma puissance donne toute sa mesure dans la faiblesse. » C'est donc très volontiers que je mettrai plutôt ma fierté dans mes faiblesses, afin que la puissance du Christ fasse en moi sa demeure. C'est pourquoi j'accepte de grand cœur pour le Christ les faiblesses, les insultes, les contraintes, les persécutions et les situations angoissantes. Car, lorsque je suis faible, c'est alors que je suis fort.
– Parole du Seigneur.

Psaume 33 (34)

℟ ***Goûtez et voyez comme est bon le Seigneur !***

L'ange du Seigneur c<u>a</u>mpe alentour
pour libér<u>e</u>r ceux qui le craignent.
Goûtez et voyez : le Seigne<u>u</u>r est bon !
Heureux qui trouve
en lu<u>i</u> son refuge ! ℟

Saints du Seigne<u>u</u>r, adorez-le :
rien ne manque à ce<u>u</u>x qui le craignent.
Des riches ont tout perd<u>u</u>, ils ont faim ;
qui cherche le Seigneur
ne manquer<u>a</u> d'aucun bien. ℟

Venez, mes fils, écoutez-moi,
que je vous enseigne la crainte du Seigneur.

Qui donc aime la vie
et désire les jours où il verra le bonheur ? ℟

Acclamation de l'Évangile

Alléluia. Alléluia. Jésus Christ s'est fait pauvre, lui qui était riche, pour que vous deveniez riches par sa pauvreté. ***Alléluia.***

Évangile de Jésus Christ

selon saint Matthieu (6, 24-34)

« Ne vous faites pas de souci pour demain »

En ce temps-là, Jésus disait à ses disciples : « Nul ne peut servir deux maîtres : ou bien il haïra l'un et aimera l'autre, ou bien il s'attachera à l'un et méprisera l'autre. Vous ne pouvez pas servir à la fois Dieu et l'Argent.

« C'est pourquoi je vous dis : Ne vous souciez pas, pour votre vie, de ce que vous mangerez, ni, pour votre corps, de quoi vous le vêtirez. La vie ne vaut-elle pas plus que la nourriture, et le corps plus que les vêtements ? Regardez les oiseaux du ciel : ils ne font ni semailles ni moisson, ils n'amassent pas dans des greniers, et votre Père céleste les nourrit. Vous-mêmes, ne valez-vous pas beaucoup plus qu'eux ? Qui d'entre vous, en se faisant du souci, peut ajouter une coudée à la longueur de sa vie ? Et au sujet des vêtements, pourquoi se faire tant de souci ? Observez comment poussent les lis des champs : ils ne travaillent pas, ils ne filent pas. Or je vous dis que Salomon lui-même, dans toute sa gloire, n'était pas habillé comme l'un d'entre eux. Si Dieu

donne un tel vêtement à l'herbe des champs, qui est là aujourd'hui, et qui demain sera jetée au feu, ne fera-t-il pas bien davantage pour vous, hommes de peu de foi ?
« Ne vous faites donc pas tant de souci ; ne dites pas : "Qu'allons-nous manger ?" ou bien : "Qu'allons-nous boire ?" ou encore : "Avec quoi nous habiller ?" Tout cela, les païens le recherchent. Mais votre Père céleste sait que vous en avez besoin. Cherchez d'abord le royaume de Dieu et sa justice, et tout cela vous sera donné par surcroît. Ne vous faites pas de souci pour demain : demain aura souci de lui-même ; à chaque jour suffit sa peine. »

Prière sur les offrandes

Fais que nous prenions place à ton banquet, Seigneur, portant toujours le vêtement de noce comme saint Louis de Gonzague, afin que la participation à cette eucharistie nous enrichisse de ta grâce. Par le Christ, notre Seigneur. ***— Amen.***

Antienne de la communion

Le Seigneur donne à son peuple
le froment du ciel ;
chacun se nourrit du pain des Forts.
(cf. Ps 77, 24-25)

Prière après la communion

Après nous avoir nourris du pain des anges, Seigneur, donne-nous de te servir par une vie très pure ; à l'exemple de celui que nous fêtons aujourd'hui, puissions-nous rester toujours dans l'action de grâce. Par le Christ, notre Seigneur. ***— Amen.***

INVITATION

C'est demain la fête du Saint-Sacrement. Je confie au Seigneur tous ceux qui vont communier pour la première fois.

COMMENTAIRE

« Cherchez d'abord » Matthieu 6, 24-34

« Ne vous faites donc pas tant de soucis [...]. Cherchez d'abord le royaume de Dieu. » Jésus nous dévoile un horizon qu'il nous est parfois difficile d'atteindre. Il nous révèle aussi un lieu de combat spirituel, car s'établir dans la confiance en Dieu ne va pas de soi. Il nous apprend à nous donner des priorités : « Cherchez d'abord. » Une attitude qui peut nous permettre d'aborder les problèmes bien réels de notre vie dans une optique plus apaisée, car ancrée dans l'espérance du Royaume. ■

***Emmanuelle Billoteau,** ermite*

DIMANCHE 22 JUIN 2025

SAINT-SACREMENT DU CORPS ET DU SANG DU CHRIST

ANNÉE C – COULEUR LITURGIQUE : BLANC

« Il y avait environ cinq mille hommes. » Luc 9, 14

La veille de son arrestation, Jésus nous fait don de son Corps et de son Sang. À travers le sacrement de l'eucharistie, il est présent, parmi nous, en nous. Nous puisons en lui la force et la joie de marcher à sa suite. Fortifiés, nous nous donnons à notre tour à nos frères et sœurs. Demandons à Dieu de vivre chaque eucharistie comme si c'était la première.

RITES INITIAUX

Chant d'entrée *(Suggestions p. 260)*
OU
Antienne d'ouverture

Le Seigneur a nourri son peuple de la fleur du froment,
il l'a rassasié avec le miel du rocher.
(cf. Ps 80, 17)

Suggestion de préparation pénitentielle *(ou p. 228)*

Frères et sœurs, le Seigneur nous fait don de son Corps et de son Sang. Avec confiance, préparons-nous à célébrer le mystère de l'eucharistie, en reconnaissant que nous avons péché.

Seigneur Jésus, venu dans le monde pour notre salut, ton pain de vie nous fortifie. Kyrie, eleison.
— Kyrie, eleison.

Ô Christ, toi qui nous donnes part à ton eucharistie, tu chasses l'ombre et la nuit de nos vies. Christe, eleison.
— Christe, eleison.

Seigneur, toi le pain de l'homme en route, tu nous conduis vers le banquet du ciel. Kyrie, eleison.
— Kyrie, eleison.

Que Dieu tout-puissant nous fasse miséricorde ; qu'il nous pardonne nos péchés et nous conduise à la vie éternelle. ***— Amen.***

Gloire à Dieu *(p. 231)*

Prière

Seigneur Jésus Christ, dans cet admirable sacrement, tu nous as laissé le mémorial de ta passion ; donne-nous de vénérer avec une telle ferveur les saints mystères de ton Corps et de ton Sang, que nous puissions goûter sans cesse en nous le fruit de ta rédemption. Toi qui… – ***Amen.***

LITURGIE DE LA PAROLE

Lecture du livre de la Genèse (14, 18-20)

Melkisédek offre le pain et le vin

En ces jours-là, Melkisédek, roi de Salem, fit apporter du pain et du vin : il était prêtre du Dieu très-haut. Il bénit Abram en disant : « Béni soit Abram par le Dieu très-haut, qui a fait le ciel et la terre ; et béni soit le Dieu très-haut, qui a livré tes ennemis entre tes mains. » Et Abram lui donna le dixième de tout ce qu'il avait pris.

– Parole du Seigneur.

Psaume 109 (110)

℟ *Tu es prêtre à jamais, selon l'ordre de Melkisédek.*

T. : AELF ; M. : J.-P. Hervy ; Éd. : ADF.

Oracle du Seigneur à mon seigneur :
« Siège à ma droite,
et je ferai de tes ennemis
le marchepied de ton trône. » ℟

De Sion, le Seigneur te présente
le sceptre de ta force :
« Domine jusqu'au cœur de l'ennemi. » ℟

Le jour où paraît ta puissance,
tu es prince, éblouissant de sainteté :
« Comme la rosée qui naît de l'aurore,
je t'ai engendré. » ℟

Écoutez ce psaume sur **www.prionseneglise.fr/messe-du-dimanche**

Le Seigneur l'a juré
dans un serment irrévocable :
« Tu es prêtre à jamais
selon l'ordre du roi Melkisédek. » ℟

Lecture de la première lettre de saint Paul apôtre
aux Corinthiens (11, 23-26)

« Chaque fois que vous mangez ce pain et buvez cette coupe,
vous proclamez la mort du Seigneur »

Frères, moi, Paul, j'ai moi-même reçu ce qui vient du Seigneur, et je vous l'ai transmis : la nuit où il était livré, le Seigneur Jésus prit du pain, puis, ayant rendu grâce, il le rompit, et dit : « Ceci est mon corps, qui est pour vous. Faites cela en mémoire de moi. » Après le repas, il fit de même avec la coupe, en disant : « Cette coupe est la nouvelle Alliance en mon sang. Chaque fois que vous en boirez, faites cela en mémoire de moi. » Ainsi donc, chaque fois que vous mangez ce pain et que vous buvez cette coupe, vous proclamez la mort du Seigneur, jusqu'à ce qu'il vienne.

– Parole du Seigneur.

Séquence

*Cette séquence (ad libitum) peut être dite intégralement ou sous une forme abrégée à partir de : « *Le voici, le pain des anges. »*

Sion, célèbre ton Sauveur,
chante ton chef et ton pasteur
par des hymnes et des chants.

Tant que tu peux, tu dois oser,
car il dépasse tes louanges,
tu ne peux trop le louer.

Le Pain vivant, le Pain de vie,
il est aujourd'hui proposé
comme objet de tes louanges.

Au repas sacré de la Cène,
il est bien vrai qu'il fut donné
au groupe des douze frères.

Louons-le à voix pleine et forte,
que soit joyeuse et rayonnante
l'allégresse de nos cœurs !

C'est en effet la journée
solennelle
où nous fêtons de ce banquet divin
la première institution.

À ce banquet du nouveau Roi,
la Pâque de la Loi nouvelle
met fin à la Pâque ancienne.

L'ordre ancien le cède
au nouveau,
la réalité chasse l'ombre,
et la lumière, la nuit.

Ce que fit le Christ à la Cène,
il ordonna qu'en sa mémoire
nous le fassions après lui.

Instruits par son précepte saint,
nous consacrons le pain,
le vin,
en victime de salut.

C'est un dogme
pour les chrétiens
que le pain se change
en son corps,
que le vin devient son sang.

Ce qu'on ne peut comprendre
et voir,
notre foi ose l'affirmer,
hors des lois de la nature.

L'une et l'autre de ces espèces,
qui ne sont que de purs signes,
voilent un réel divin.

Sa chair nourrit,
son sang abreuve,
mais le Christ
tout entier demeure
sous chacune des espèces.

On le reçoit sans le briser,
le rompre ni le diviser;
il est reçu tout entier.

Qu'un seul ou mille
communient,
il se donne à l'un comme
aux autres,
il nourrit sans disparaître.

Bons et mauvais le consomment,
mais pour un sort bien différent,
pour la vie ou pour la mort.

Mort des pécheurs,
vie pour les justes;
vois : ils prennent pareillement;
quel résultat différent !

Si l'on divise les espèces,
n'hésite pas, mais souviens-toi
qu'il est présent
dans un fragment
aussi bien que dans le tout.

Le signe seul est partagé,
le Christ n'est en rien divisé,
ni sa taille ni son état
n'ont en rien diminué.

* Le voici, le pain des anges,
il est le pain de l'homme
en route,
le vrai pain des enfants
de Dieu,
qu'on ne peut jeter aux chiens.

D'avance il fut annoncé
par Isaac en sacrifice,
par l'agneau pascal immolé,
par la manne de nos pères.

Ô bon Pasteur, notre vrai pain,
ô Jésus, aie pitié de nous,
nourris-nous et protège-nous,
fais-nous voir
les biens éternels
dans la terre des vivants.

Toi qui sais tout et qui peux tout,
toi qui sur terre nous nourris,
conduis-nous au banquet du ciel
et donne-nous ton héritage,
en compagnie de tes saints.
Amen.

Acclamation de l'Évangile

Alléluia. Alléluia. Moi, je suis le pain vivant qui est descendu du ciel, dit le Seigneur ; si quelqu'un mange de ce pain, il vivra éternellement. ***Alléluia.***

U 76-98 M. : P. Robert; ADF-Musique.

Évangile de Jésus Christ selon saint Luc (9, 11b-17)

« Ils mangèrent et ils furent tous rassasiés »

En ce temps-là, Jésus parlait aux foules du règne de Dieu, et guérissait ceux qui en avaient besoin. Le jour commençait à baisser. Alors les Douze s'approchèrent de lui et lui dirent : « Renvoie cette foule : qu'ils aillent dans les villages et les campagnes des environs afin d'y loger et de trouver des vivres ; ici nous sommes dans un endroit désert. » Mais il leur dit : « Donnez-leur vous-mêmes à manger. » Ils répondirent : « Nous n'avons pas plus de cinq pains et deux poissons. À moins peut-être d'aller nous-mêmes acheter de la nourriture pour tout ce peuple. » Il y avait environ cinq mille hommes. Jésus dit à ses disciples : « Faites-les asseoir par groupes de cinquante environ. » Ils exécutèrent cette demande et firent asseoir tout le monde. Jésus prit les cinq pains et les deux poissons, et, levant les yeux au ciel, il prononça la bénédiction sur eux, les rompit et les donna à ses disciples pour qu'ils les distribuent à la foule. Ils mangèrent et ils furent tous rassasiés ; puis on ramassa les morceaux qui leur restaient : cela faisait douze paniers.

Homélie

Profession de foi (p. 232)

Suggestion de prière universelle

Le prêtre :

Avec confiance, tournons-nous vers le Christ, qui nous fait don de son pain de vie. Prions-le pour l'Église et pour tous les habitants de la terre.

℟ ***Fils du Dieu vivant, exauce-nous !***

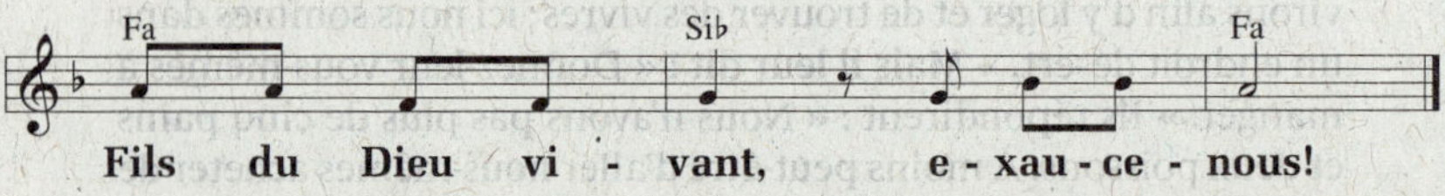

D. R. ; T. et M. : J. Gelineau.

Le diacre ou un lecteur :

« Faites cela en mémoire de moi. » Jésus Christ, Pain de la ferveur, nous te prions pour nos prêtres qui célèbrent chaque jour le mystère de l'eucharistie. Nous te prions aussi pour les baptisés qui portent aux malades ton pain de vie. ℟

« Tous furent rassasiés. » Jésus Christ, Pain de la fraternité, nous te prions pour nos chefs d'État, appelés à œuvrer pour davantage de solidarité entre les peuples. Nous te prions aussi pour tous les affamés de justice. ℟

« Donnez-leur vous-mêmes à manger. » Jésus Christ, Pain du partage, nous te prions pour les personnes qui ont faim et peinent à nourrir leur famille. Nous te prions aussi pour les bénévoles qui viennent au secours des plus démunis. ℟

« Ceci est mon corps. » Jésus Christ, Pain de vie, nous te prions pour les chrétiens de notre paroisse qui ont communié pour la première fois cette année. Nous te prions aussi pour les catéchistes qui initient aux mystères de ton eucharistie. ℟

(Ces intentions seront adaptées ou modifiées selon les circonstances. On peut aussi s'inspirer de l'intention universelle du Saint-Père, p. 6.)

Le prêtre : Ô Christ, Pain de l'allégresse, écoute les prières que nous te présentons en cette fête de ton eucharistie. Daigne nous exaucer, toi qui vis et règnes pour les siècles des siècles. – ***Amen.***

LITURGIE EUCHARISTIQUE

Prière sur les offrandes

Nous t'en prions, Seigneur, dans ta bonté accorde à ton Église les dons de l'unité et de la paix, signifiés mystérieusement par les présents que nous t'offrons. Par le Christ, notre Seigneur. – ***Amen.***

Prière eucharistique *(Préface de la Sainte Eucharistie)*

Vraiment, il est juste et bon, pour ta gloire et notre salut, de t'offrir notre action de grâce, toujours et en tout lieu, Seigneur, Père très saint, Dieu éternel et tout-puissant, par le Christ, notre Seigneur. Lors du dernier repas qu'il partageait avec ses Apôtres, voulant perpétuer la mémoire du salut par la croix, il s'est offert à toi, comme l'Agneau sans tache, et tu as accueilli son sacrifice de parfaite louange. Quand tes fidèles communient à ce mystère incomparable, tu les sanctifies, pour que la famille humaine, habitant un même univers, soit éclairée par une même foi et réunie par une même charité. Nous venons donc à la table de cet admirable sacrement pour être imprégnés de la douceur de ta grâce, et transformés à l'image de ce que nous serons au ciel. C'est pourquoi le ciel et la terre t'adorent ; ils te chantent le cantique nouveau, et nous-mêmes, unissant notre voix à celle des anges, nous t'acclamons : ***Saint ! Saint ! Saint...***

Chant de communion *(Suggestions p. 260)*

OU

Antienne de la communion

Celui qui mange ma chair et boit mon sang
demeure en moi, et moi en lui, dit le Seigneur.
(Jn 6, 56)

Prière après la communion

Nous t'en prions, Seigneur Jésus Christ : donne-nous de goûter pleinement à ta vie divine dans l'éternité, ce que préfigure dans le temps la communion à ton Corps et à ton Sang précieux. Toi qui… – ***Amen.***

RITE DE CONCLUSION

Bénédiction et envoi

COMMENTAIRE DU DIMANCHE

Tommy Scholtes, prêtre jésuite, *Prions en Église* Belgique

« Donnez-leur vous-mêmes à manger »

L'eucharistie est le plus grand des sacrements. La célébration nous donne d'écouter la parole de Dieu, qui peut inspirer nos faits et gestes pour que nous prenions les décisions les plus ajustées à notre situation de vie, et à celle de nos frères et sœurs. Nous pouvons bénir Dieu qui nous invite à mettre sa parole en pratique généreusement. Et nous pouvons le louer pour cette parole inédite qui dilate nos cœurs, nous invitant à la partager à notre tour.
Saint Paul ajoute ce qu'il a aussi reçu du Seigneur et qu'il nous transmet, jour après jour : les mots de l'institution de l'eucharistie. Jésus nous invite à les redire à chaque célébration : « Faites cela en mémoire de moi. » Des mots et des gestes qui, par la grâce de Dieu, donnent au pain et au vin consacrés d'être présence •••

••• réelle au milieu de nous. Le chemin ne s'arrête pas là. Il se poursuit au milieu des communautés chrétiennes invitées, à revivre l'eucharistie et surtout à en vivre. Dans le temps de Pâques, c'est la vie qui est visée, vie de Dieu et vie des hommes. Et si nous pouvons aujourd'hui prendre un temps d'adoration eucharistique, nous pouvons aussi chercher à partager cette « communion » avec les fidèles des assemblées. Comment pouvons-nous vivre ce sacrement ? En y invitant le plus de frères et sœurs possible. Oui, l'eucharistie est pour les foules qui se rassemblent autour de la Parole, et du Corps et du Sang du Christ. L'eucharistie adorée peut ainsi devenir aussi véritable « sacrement du frère ».

~

Que puis-je découvrir dans l'adoration eucharistique ?
Quelle est la place de mes frères et sœurs quand je participe à l'eucharistie ? ■

Prions en Église junior

LIRE L'ÉVANGILE AVEC LES ENFANTS

CE QUE JE DÉCOUVRE

Il est tard. Jésus enseigne et guérit la foule, qui est fatiguée et affamée. Les disciples veulent renvoyer les gens chez eux. Jésus, lui, veut que les disciples nourrissent la foule. Mais ils ne savent pas comment faire : ils n'ont quasiment pas de provisions. **Alors Jésus se tourne vers son Père.** Dieu seul rassasie les corps et les cœurs affamés. Jésus sait qu'il ne les abandonnera pas, qu'il nourrira et rassasiera la foule. Jésus lève les yeux vers le ciel et demande à Dieu de bénir les provisions récupérées. **Demander la bénédiction de Dieu, c'est reconnaître qu'il est présent dans notre vie.** N'hésite pas à te confier à Dieu.

CE QUE JE VIS

Quelles confidences fais-tu à Dieu ?
Comment réagis-tu quand survient un événement imprévu ?
Comme la foule, assieds-toi et tourne-toi vers Jésus.

Texte : Patricia Metzger. Illustrations : Marcelino Truong

MÉDITATION BIBLIQUE

SAINT-SACREMENT DU CORPS ET DU SANG DU CHRIST

Évangile selon saint Luc 9, 11b-17

Mémorial et anticipation

Le récit de Luc inscrit la multiplication des pains dans la continuité des merveilles de Dieu envers le peuple d'Israël. Il anticipe également le dernier repas avec Jésus dont nous faisons mémoire dans chacune de nos eucharisties.

Le temps de la préparation

« Le Seigneur a nourri son peuple de la fleur du froment. » (Antienne d'ouverture)

Le temps de l'observation

« Un endroit désert » : cette notation fait écho à la traversée du désert par le peuple d'Israël. C'est là que ce dernier a enduré la faim et que Dieu l'a nourri de la manne (Ex 16 ; Dt 8), lui apprenant à entrer dans la confiance. Le jour qui commence à baisser évoque la fraction du pain, vécue comme le sceau du cheminement de deux disciples avec le Ressuscité sur la route d'Emmaüs. Dans un cas comme dans l'autre, le chemin est ardu mais propice à la transformation intérieure : de la servitude à la liberté, de la tristesse à la joie. Mais pour que celle-ci puisse s'accomplir, encore faut-il reconnaître et habiter un manque souvent douloureux qu'il est plus facile d'ignorer. De fait, c'est bien là que s'expérimente la surabondance du don de Dieu. Et même s'il y a rassasiement, la faim et le désir n'en sont pas clôturés pour autant. Car ils sont relancés dans une quête dynamisée par la mémoire et par l'attirance exercée par l'auteur du don – celui vers lequel Jésus lève les yeux.

Le temps de la méditation

Ces versets nous invitent à ne pas fuir nos déserts, le sentiment de manque qui nous habite et le désir qui nous fait avancer. De quoi avons-nous faim ? Savons-nous prendre des risques pour partager ce que nous avons ? Car Jésus nous demande de donner nous-mêmes à manger à nos semblables : sur les plans physique, affectif, intellectuel, spirituel. Et cela, sans nous obnubiler sur le « peu » que nous avons. Ne peut-il faire des merveilles ? Et nous retrouvons cet appel à la confiance si difficile à vivre, tant dans nos relations avec Dieu qu'avec autrui. Car c'est dans cette réalité du « recevoir » et du « donner » que nous expérimentons la présence agissante de Dieu qui nous nourrit et nous permet de nourrir à notre tour. Recevoir le pain de la Parole, recevoir le Corps et le Sang du Christ nous invite à nous risquer dans le partage, seul moyen de découvrir que Dieu peut nous donner bien au-delà de ce que nous pouvons espérer.

Le temps de la prière

« Sion, célèbre ton Sauveur, chante ton chef et ton pasteur par des hymnes et des chants. » (Séquence) ■

Emmanuelle Billoteau, ermite

LA VIE EN PHOTO
LE BACCALAURÉAT

Épreuves éprouvées

On parle d'épreuves quand on parle du bac. Mais la véritable épreuve, la plus éprouvante de toutes les épreuves, c'est l'attente. Celle de ne pas savoir… Savoir est apaisant. Même si c'est négatif, car au moins peux-tu rebondir. Les photographes commencent toujours par une épreuve négative. Ce n'est qu'après, avec talent, qu'ils s'en vont fixer la lumière sur l'ombre de ta feuille. L'épreuve est utile. L'épreuve est passage. Le bac est un passage : d'une rive à l'autre, d'un ici à un ailleurs. As-tu passé tes épreuves ? La réponse importe peu car la question peut aussi se retourner : as-tu éprouvé tes passages ? As-tu senti, ressenti, perçu, goûté et savouré, es-tu entré en conscience de cette vie qui fraye passage en toi ? Tout est passage. Tout est mouvement. Éprouve, vis, sens : peine ou joie sont de même nature. Dépasse-les. Accueille-les, non comme une épreuve, mais comme l'aimante preuve que la vie danse en tes entrailles. Le reste n'est que félicité pour qui accepte cette danse. ■

Thierry Lemoine, *poète*

« Réjouissez-vous, soyez dans l'allégresse, car votre récompense est grande dans les cieux ! » Matthieu 5, 12

Résultats du bac au lycée Jean de la Fontaine, Paris (XVIe). © A. Martin/Andia.fr

Une prière *d'Yves Chamberland, pour ce dimanche*

Puissions-nous vivre en communion

Béni sois-tu, Dieu très-haut,
tu as créé le monde par amour et nous l'as confié.
Béni sois-tu d'avoir fait d'Abraham notre père dans la foi.
Béni sois-tu pour Melkisédek, figure de l'eucharistie,
qui a offert le pain et le vin en sacrifice d'action de grâce.
Béni sois-tu, Seigneur, pour le don de ton Fils Jésus,
pain rompu qui rassasie nos faims, sang versé sur la Croix.
Béni sois-tu pour l'Alliance nouvelle et éternelle.

Béni sois-tu, Seigneur Jésus,
pain multiplié pour les foules de tous les temps.
Puissions-nous devenir celui que nous recevons
et vivre en communion comme des frères et des sœurs.
Que ton amour nourrisse notre amour.
Que notre communion fasse de chacune et chacun de nous
un don de Dieu pour la vie du monde.

Temps ordinaire, *suggestion d'oraisons et d'antiennes n° 9*

Antienne d'ouverture

Regarde-moi, Seigneur, et prends pitié de moi,
de moi qui suis seul et misérable.
Vois ma misère et ma peine, enlève tous mes péchés,
toi, mon Dieu. (cf. Ps 24, 16.18)

Prière

Seigneur Dieu, nous en appelons à ta providence qui, dans ses desseins, jamais ne se trompe, et nous te supplions humblement : tout ce qui fait du mal, écarte-le, donne-nous ce qui pourra nous aider. Par Jésus… ***— Amen.***

Lecture

du livre de la Genèse (12, 1-9)

« Abram s'en alla, comme le Seigneur le lui avait dit »

En ces jours-là, le Seigneur dit à Abram qui vivait alors en Chaldée : « Quitte ton pays, ta parenté et la maison de ton père, et va vers le pays que je te montrerai. Je ferai de toi une grande nation, je te bénirai, je rendrai grand ton nom, et tu deviendras une bénédiction. Je bénirai ceux qui te béniront ; celui qui te maudira, je le réprouverai. En toi seront bénies toutes les familles de la terre. » Abram s'en alla, comme

le Seigneur le lui avait dit, et Loth s'en alla avec lui. Abram avait 75 ans lorsqu'il sortit de Harane. Il prit sa femme Saraï, son neveu Loth, tous les biens qu'ils avaient acquis, et les personnes dont ils s'étaient entourés à Harane; ils se mirent en route pour Canaan et ils arrivèrent dans ce pays. Abram traversa le pays jusqu'au lieu nommé Sichem, au Chêne de Moré. Les Cananéens étaient alors dans le pays. Le Seigneur apparut à Abram et dit : « À ta descendance je donnerai ce pays. » Et là, Abram bâtit un autel au Seigneur qui lui était apparu. De là, il se rendit dans la montagne, à l'est de Béthel, et il planta sa tente, ayant Béthel à l'ouest, et Aï à l'est. Là, il bâtit un autel au Seigneur et il invoqua le nom du Seigneur. Puis, de campement en campement, Abram s'en alla vers le Néguev. – Parole du Seigneur.

Psaume 32 (33)

℟ ***Heureux le peuple que le Seigneur s'est choisi pour domaine.***

Heureux le peuple dont le Seigneur est le Dieu,
heureuse la nation qu'il s'est choisie pour domaine !
Du haut des cieux, le Seigneur regarde :
il voit la race des hommes. ℟

Dieu veille sur ceux qui le craignent,
qui mettent leur espoir en son amour,
pour les délivrer de la mort,
les garder en vie aux jours de famine. ℟

Nous attendons notre vie du Seigneur :
il est pour nous un appui, un bouclier.
Que ton amour, Seigneur, soit sur nous
comme notre espoir est en toi ! ℟

Acclamation de l'Évangile

Alléluia. Alléluia. Elle est vivante, efficace, la parole de Dieu; elle juge des intentions et des pensées du cœur. ***Alléluia.***

Évangile de Jésus Christ

selon saint Matthieu (7, 1-5)

« Enlève d'abord la poutre de ton œil »

En ce temps-là, Jésus disait à ses disciples : « Ne jugez pas, pour ne pas être jugés; de la manière dont vous jugez, vous serez jugés; de la mesure dont vous mesurez, on vous mesurera. Quoi ! tu regardes la paille dans l'œil de ton frère; et la poutre qui est dans ton œil, tu ne la remarques pas ? Ou encore : Comment vas-tu dire à ton frère : "Laisse-moi enlever la paille de ton œil", alors qu'il y a une poutre dans ton œil à toi ? Hypocrite ! Enlève d'abord la poutre de ton œil; alors tu verras clair pour enlever la paille qui est dans l'œil de ton frère. »

Prière sur les offrandes

Confiants dans ta tendresse, Seigneur, nous approchons de ton autel avec respect en apportant nos présents; puissions-nous, par un effet de ta grâce qui nous purifie, être renouvelés par ces mystères que nous célébrons. Par le Christ, notre Seigneur. ***— Amen.***

Antienne de la communion
J'ai crié vers toi, Dieu
qui m'as exaucé : incline ton oreille,
entends ce que je dis. (cf. Ps 16, 6)
OU
Amen, je vous le dis :
tout ce que vous demandez
dans la prière, croyez que vous l'avez
obtenu, et cela vous sera accordé,
dit le Seigneur. (Mc 11, 23.24)

Prière après la communion
Guide-nous par ton Esprit, nous t'en prions, Seigneur, toi qui nous as nourris du corps et du sang de ton Fils : accorde-nous de te rendre témoignage, non seulement en paroles et par des discours, mais aussi en actes et en vérité, pour mériter d'entrer dans le royaume des Cieux. Par le Christ, notre Seigneur. **— *Amen.***

INVITATION

Aujourd'hui, je me rends attentif à la Création dans mes gestes quotidiens. Je peux, par exemple, préparer un plat avec des produits de saison et le partager.

COMMENTAIRE

Rééducation intérieure Matthieu 7, 1-5

L'image de la paille et de la poutre vise juste ! De fait, chacun de nous regarde et juge spontanément les autres à travers la perspective rétrécie et déformée de ses propres préjugés, de ses « petits arrangements » avec la vérité. Notre rééducation commence quand nous acceptons que nous sommes effectivement ces humains aux jugements biaisés et que nous laissons Dieu nous rendre plus lucides sur nous-mêmes. ■

***Jean-Marc Liautaud**, Fondacio*

MARDI 24 JUIN 2025

COULEUR LITURGIQUE : BLANC

Nativité de saint Jean Baptiste

L'Église célèbre dans la joie la naissance de Jean Baptiste, qui est venu pour rendre témoignage à la Lumière, au seuil des temps nouveaux.

Antienne d'ouverture

Il y eut un homme, envoyé par Dieu ; son nom était Jean.
Il était venu comme témoin, pour rendre témoignage à la Lumière,
et préparer au Seigneur un peuple bien disposé. (Jn 1, 6-7 ; Lc 1, 17)

Gloire à Dieu *(p. 231)*

Prière

Seigneur Dieu, tu as suscité le bienheureux Jean le Baptiste afin qu'il prépare pour le Christ Seigneur un peuple disposé à l'accueillir ; accorde à ton Église le don de la joie spirituelle, et guide l'esprit de tous les croyants sur le chemin du salut et de la paix. Par Jésus… ***— Amen.***

22 - 28

Lectures propres à la solennité de la nativité de saint Jean Baptiste.

Lecture

du livre du prophète Isaïe (49, 1-6)

« Je fais de toi la lumière des nations »

Écoutez-moi, îles lointaines ! Peuples éloignés, soyez attentifs ! J'étais encore dans le sein maternel quand le Seigneur m'a appelé ; j'étais encore dans les entrailles de ma mère quand il a prononcé mon nom. Il a

fait de ma bouche une épée tranchante, il m'a protégé par l'ombre de sa main ; il a fait de moi une flèche acérée, il m'a caché dans son carquois. Il m'a dit : « Tu es mon serviteur, Israël, en toi je manifesterai ma splendeur. » Et moi, je disais : « Je me suis fatigué pour rien, c'est pour le néant, c'est en pure perte que j'ai usé mes forces. » Et pourtant, mon droit subsistait auprès du Seigneur, ma récompense, auprès de mon Dieu. Maintenant le Seigneur parle, lui qui m'a façonné dès le sein de ma mère pour que je sois son serviteur, que je lui ramène Jacob, que je lui rassemble Israël. Oui, j'ai de la valeur aux yeux du Seigneur, c'est mon Dieu qui est ma force. Et il dit : « C'est trop peu que tu sois mon serviteur pour relever les tribus de Jacob, ramener les rescapés d'Israël : je fais de toi la lumière des nations, pour que mon salut parvienne jusqu'aux extrémités de la terre. »

– Parole du Seigneur.

Psaume 138 (139)

℟ ***Je te rends grâce, ô mon Dieu, pour tant de merveilles.***

Tu me scrutes, Seigneur, et tu sais !
Tu sais quand je m'assois, quand je me lève ;
de très loin, tu pénètres mes pensées,
tous mes chemins te sont familiers. ℟

C'est toi qui as créé mes reins,
qui m'as tissé dans le sein de ma mère.
Je reconnais devant toi le prodige,
l'être étonnant que je suis. ℟

Étonnantes sont tes œuvres,
toute mon âme le sait.
Mes os n'étaient pas cachés pour toi
quand j'étais façonné dans le secret. ℟

Lecture

du livre des Actes des Apôtres (13, 22-26)

« Jean le Baptiste a préparé l'avènement de Jésus »

En ces jours-là, dans la synagogue d'Antioche de Pisidie, Paul disait aux Juifs : « Dieu a, pour nos pères, suscité* David comme roi, et il lui a rendu ce témoignage : *J'ai trouvé David, fils de Jessé; c'est un homme selon mon cœur qui réalisera toutes mes volontés.* De la descendance de David, Dieu, selon la promesse, a fait sortir un sauveur pour Israël : c'est Jésus, dont Jean le Baptiste a préparé l'avènement en proclamant avant lui un baptême de conversion pour tout le peuple d'Israël. Au moment d'achever sa course, Jean disait : "Ce que vous pensez que je suis, je ne le suis pas. Mais le voici qui vient après moi, et je ne suis pas digne de retirer les sandales de ses pieds." Vous, frères, les fils de la lignée d'Abraham et ceux parmi vous qui craignent Dieu, c'est à nous que la parole du salut a été envoyée. » – Parole du Seigneur.

Acclamation de l'Évangile

Alléluia. Alléluia. Toi, petit enfant, tu seras appelé prophète du Très-Haut : tu marcheras devant, en présence du Seigneur, et tu prépareras ses chemins. ***Alléluia.***

Évangile de Jésus Christ

selon saint Luc (1, 57-66.80)

« Jean est son nom »

Quand fut accompli le temps où Élisabeth devait enfanter, elle mit au monde un fils. Ses voisins et sa famille apprirent que le Seigneur lui avait montré la grandeur de sa miséricorde, et ils se réjouissaient

avec elle. Le huitième jour, ils vinrent pour la circoncision de l'enfant. Ils voulaient l'appeler Zacharie, du nom de son père. Mais sa mère prit la parole et déclara : « Non, il s'appellera Jean. » On lui dit : « Personne dans ta famille ne porte ce nom-là ! » On demandait par signes au père comment il voulait l'appeler. Il se fit donner une tablette sur laquelle il écrivit : « Jean est son nom. » Et tout le monde en fut étonné. À l'instant même, sa bouche s'ouvrit, sa langue se délia : il parlait et il bénissait Dieu. La crainte saisit alors tous les gens du voisinage et, dans toute la région montagneuse de Judée, on racontait tous ces événements. Tous ceux qui les apprenaient les conservaient dans leur cœur et disaient : « Que sera donc cet enfant ? » En effet, la main du Seigneur était avec lui.
L'enfant grandissait et son esprit se fortifiait. Il alla vivre au désert jusqu'au jour où il se fit connaître à Israël.

Profession de foi *(p. 232)*

Prière sur les offrandes

Accueille, Seigneur, ces offrandes ; elles sont déposées sur ton autel pour célébrer comme il convient la nativité de saint Jean, car il prophétisa que le Sauveur du monde viendrait, et montra qu'il était déjà parmi nous. Lui qui… ***— Amen.***

Prière eucharistique *(Préface de saint Jean Baptiste)*

Vraiment, il est juste et bon, pour ta gloire et notre salut, de t'offrir notre action de grâce, toujours et en tout lieu, Seigneur, Père très saint, Dieu éternel et tout-puissant, par le Christ, notre Seigneur. Nous chantons les merveilles que tu as accomplies pour Jean, le Précurseur de ton Fils; parmi ceux qui sont nés d'une femme, tu l'as consacré, lui faisant l'honneur d'une mission sans égale. Avant même de naître, il tressaillit d'allégresse à l'approche du Sauveur; en venant au monde il apportait une grande joie; il fut, de tous les prophètes, celui qui désigna l'Agneau de la rédemption; dans les eaux qui devaient en être sanctifiées il baptisa l'auteur du baptême; et il rendit au Christ le témoignage suprême, celui de son propre sang. C'est pourquoi, avec les puissances des cieux, nous pouvons te bénir sur la terre et t'adorer sans fin en proclamant : ***Saint ! Saint ! Saint…***

Antienne de la communion

Grâce à la tendresse, à l'amour
de notre Dieu, l'astre d'en haut
est venu nous visiter. (cf. Lc 1, 78)

Prière après la communion

Au festin des noces de l'Agneau, tu as refait nos forces, Seigneur, et nous te prions : donne à ton Église qui trouve sa joie dans la naissance du bienheureux Jean le Baptiste, de reconnaître en Jésus, dont il annonçait la venue, l'auteur de la nouvelle naissance des croyants. Lui qui… **— *Amen.***

INVITATION

En cette fête de saint Jean Baptiste, je recopie le psaume 138 de ce jour et je me redis toutes les raisons qui me font rendre grâce.

COMMENTAIRE

Destins singuliers, dessein unique Luc 1, 57-66.80

Quel contraste chez Luc entre l'enfance de Jean, dont la naissance miraculeuse fait d'emblée l'objet d'une large publicité, et celle de Jésus, ignorée de tous ! L'enfant du prodige, fils de prêtre, choisit très jeune de fuir au désert pour mûrir sa mission singulière. Jésus, quant à lui, grandit loin des regards, dans une région marginale. Singularité des destins, unis pourtant dans l'unique dessein de Dieu. ■

Jean-Marc Liautaud, *Fondacio*

CLÉ DE LECTURE

« A suscité » Actes 13, 22 *(p. 179)*

Jouant sur les mots, Paul montre ici l'accomplissement du dessein de Dieu dans l'histoire. Le même verbe grec peut signifier « faire lever », « faire surgir » et, dans la foi pharisienne, « ressusciter ». En suscitant David, Dieu annonce qu'il re-suscitera un descendant de David, Jésus, son Christ. Ce qui nous conduit à revisiter la figure de David dans les livres de Samuel et des Rois ; une figure complexe, très humaine, tantôt magnifique, tantôt criminelle et finalement lamentable, mais toujours pardonnée. La tradition chrétienne n'oubliera pas le péché de David (Mt 1, 6). Descendant de David, Jésus récapitule en lui ce poids d'humanité opaque, pécheresse et aimée ; il la porte devant Dieu en signe de pardon, pour lui faire traverser l'abîme de la mort. ■

Roselyne Dupont-Roc, *bibliste*

MERCREDI 25 JUIN 2025

12E SEMAINE DU TEMPS ORDINAIRE COULEUR LITURGIQUE : VERT

Temps ordinaire, *suggestion d'oraisons et d'antiennes n° 10*

Antienne d'ouverture

Le Seigneur est ma lumière et mon salut ; de qui aurais-je crainte ?
Le Seigneur est le rempart de ma vie ; devant qui tremblerais-je ?
Mes ennemis, mes adversaires perdent pied et succombent.
(Ps 26, 1-2)

Prière

Seigneur Dieu, source de tout bien, réponds sans te lasser à notre appel : inspire-nous de discerner ce qui est juste et dirige-nous pour que nous puissions l'accomplir. Par Jésus… ***— Amen.***

Lecture

du livre de la Genèse (15, 1-12.17-18)

« Abram eut foi dans le Seigneur et le Seigneur estima qu'il était juste. Le Seigneur conclut une alliance avec lui »

En ces jours-là, la parole du Seigneur fut adressée à Abram dans une vision : « Ne crains pas, Abram ! Je suis un bouclier pour toi. Ta récompense sera très grande. » Abram répondit : « Mon Seigneur Dieu, que pourrais-tu donc me donner ? Je m'en vais sans enfant, et l'héritier de ma maison, c'est Élièzer de Damas. » Abram dit encore : « Tu

22 - 28

ne m'as pas donné de descendance, et c'est un de mes serviteurs qui sera mon héritier. » Alors cette parole du Seigneur fut adressée à Abram : « Ce n'est pas lui qui sera ton héritier, mais quelqu'un de ton sang. » Puis il le fit sortir et lui dit : « Regarde le ciel, et compte les étoiles, si tu le peux… » Et il déclara : « Telle sera ta descendance ! » Abram eut foi dans le Seigneur et le Seigneur estima qu'il était juste. Puis il dit : « Je suis le Seigneur, qui t'ai fait sortir d'Our en Chaldée pour te donner ce pays en héritage. » Abram répondit : « Seigneur mon Dieu, comment vais-je savoir que je l'ai en héritage ? » Le Seigneur lui dit : « Prends-moi une génisse de trois ans, une chèvre de trois ans, un bélier de trois ans, une tourterelle et une jeune colombe. » Abram prit tous ces animaux, les partagea en deux, et plaça chaque moitié en face de l'autre ; mais il ne partagea pas les oiseaux. Comme les rapaces descendaient sur les cadavres, Abram les chassa. Au coucher du soleil, un sommeil mystérieux* tomba sur Abram, une sombre et profonde frayeur tomba sur lui. Après le coucher du soleil, il y eut des ténèbres épaisses. Alors un brasier fumant et une torche enflammée passèrent entre les morceaux d'animaux. Ce jour-là, le Seigneur conclut une alliance avec Abram en ces termes : « À ta descendance je donne le pays que voici, depuis le Torrent d'Égypte jusqu'au Grand Fleuve, l'Euphrate. »
– Parole du Seigneur.

Psaume 104 (105)

℟ ***Le Seigneur s'est toujours souvenu de son alliance.***
OU ***Alléluia !***

Rendez grâce au Seigneur, proclamez son nom,
annoncez parmi les peuples ses hauts faits ;
chantez et jouez pour lui,
redites sans fin ses merveilles. ℟

Glorifiez-vous de son nom très saint :
joie pour les cœurs qui cherchent Dieu !
Cherchez le Seigneur et sa puissance,
recherchez sans trêve sa face. ℟

Vous, la race d'Abraham son serviteur,
les fils de Jacob, qu'il a choisis.
Le Seigneur, c'est lui notre Dieu :
ses jugements font loi pour l'univers. ℟

Il s'est toujours souvenu de son alliance,
parole édictée pour mille générations :
promesse faite à Abraham,
garantie par serment à Isaac. ℟

Acclamation de l'Évangile

Alléluia. Alléluia. Demeurez en moi, comme moi en vous, dit le Seigneur ; celui qui demeure en moi porte beaucoup de fruit. ***Alléluia.***

Évangile de Jésus Christ

selon saint Matthieu (7, 15-20)

« C'est à leurs fruits que vous les reconnaîtrez »

En ce temps-là, Jésus disait à ses disciples : « Méfiez-vous des faux prophètes qui viennent à vous déguisés en brebis, alors qu'au-dedans ce sont des loups voraces. C'est à leurs fruits que vous les reconnaîtrez. Va-t-on cueillir du raisin sur des épines, ou des figues sur des chardons ? C'est ainsi que tout arbre bon donne de beaux fruits, et que l'arbre qui pourrit donne des fruits mauvais. Un arbre bon ne peut pas donner des fruits mauvais, ni un arbre qui pourrit donner de beaux fruits. Tout arbre qui ne donne pas de beaux fruits est coupé et jeté au feu. Donc, c'est à leurs fruits que vous les reconnaîtrez. »

Prière sur les offrandes

Regarde favorablement tes serviteurs, Seigneur, nous t'en prions : que notre offrande soit pour toi un présent agréable et nous fasse grandir en charité. Par le Christ, notre Seigneur. **— *Amen.***

Antienne de la communion

Le Seigneur est ma forteresse,
mon refuge et mon libérateur. Mon
Dieu vient à mon aide. (cf. Ps 17, 2-3)
OU
Dieu est amour : qui demeure
dans l'amour demeure en Dieu,
et Dieu demeure en lui. (1 Jn 4, 16)

Prière après la communion

Par ta force de guérison, Seigneur, dans ta bonté, libère-nous de nos égarements, et conduis-nous sur le droit chemin. Par le Christ, notre Seigneur.
— *Amen.*

INVITATION

« Comment vais-je savoir ? », interroge Abram.
Cette question résonne-t-elle en moi aujourd'hui ?
Comme dans la Bible, j'en appelle à Dieu et j'ose lui poser des questions.

COMMENTAIRE

Dieu fait l'alliance Genèse 15, 1-12.17-18

Dans le Moyen Orient ancien, les personnes nouant solennellement une alliance prouvaient leur bonne foi en passant entre deux moitiés d'animaux sacrifiés. Par ce « rite d'imprécation », ils appelaient sur eux le malheur en cas de non-respect de l'alliance. Ici, seul Dieu traverse : Abram assiste à la scène dans un état second. Comme dans l'alliance avec Noé, Dieu s'engage unilatéralement en faveur de son partenaire humain. ■

Jean-Marc Liautaud, Fondacio

❊ CLÉ DE LECTURE

« Sommeil mystérieux » Genèse 15, 12 *(p. 184)*

Un « sommeil mystérieux » tombe sur Abram. Ce mot rare *(« tardèmah »)* désigne la torpeur qui s'abat sur l'Adam lorsque Dieu fait de l'être humain un couple qui assurera l'aventure de la vie (cf. Gn 2, 21). Ici, le symbolisme archaïque des animaux coupés en deux ajoute à l'opacité de la scène. Mais du sommeil d'Abraham surgit la promesse de Dieu qui le fera père d'une multitude et lui offre une alliance indéfectible. Devant le dessein de Dieu, souvent incompréhensible, il arrive que l'intelligence humaine, prise de vertige, sombre. Mais Dieu répond à celui qui a foi dans le Seigneur, lui fait totalement confiance et s'appuie sur sa fidélité, au-delà de la crainte, voire d'une certaine terreur. Il s'engage avec lui de façon définitive et lui promet la vie. ■

Roselyne Dupont-Roc, bibliste

JEUDI 26 JUIN 2025

12E SEMAINE DU TEMPS ORDINAIRE COULEUR LITURGIQUE : VERT

Temps ordinaire, *suggestion d'oraisons et d'antiennes n° 11*

Antienne d'ouverture

Écoute, Seigneur, ma voix qui t'appelle !
Sois mon secours, ne m'abandonne pas,
ne me délaisse pas, Dieu, mon salut ! (cf. Ps 26, 7.9)

Prière

Seigneur Dieu, force de ceux qui espèrent en toi, sois favorable à nos appels : puisque, mortels et fragiles, nous ne pouvons rien sans toi, donne-nous toujours le secours de ta grâce ; ainsi pourrons-nous, en observant tes commandements, vouloir et agir de manière à te plaire. Par Jésus… — ***Amen.***

Lecture

du livre de la Genèse (16, 1-12.15-16)

Lecture brève : 16, 6b-12.15-16

« Agar enfanta un fils à Abram, qui lui donna le nom d'Ismaël »

En ces jours-là, Saraï, la femme d'Abram, ne lui avait pas donné d'enfant. Elle avait une servante égyptienne, nommée Agar, et elle dit à Abram : « Écoute-moi : le Seigneur ne m'a pas permis d'avoir un enfant. Va donc vers ma servante ; grâce à elle, peut-être aurai-je un fils. » Abram écouta Saraï. Et donc dix ans après qu'Abram se fut établi au pays

de Canaan, Saraï, femme d'Abram, prit Agar l'Égyptienne, sa servante, et la donna pour femme à son mari Abram. Celui-ci alla vers Agar, et elle devint enceinte.

Quand elle se vit enceinte, sa maîtresse ne compta plus à ses yeux. Saraï dit à Abram : « Que la violence qui m'est faite retombe sur toi ! C'est moi qui ai mis ma servante dans tes bras, et, depuis qu'elle s'est vue enceinte, je ne compte plus à ses yeux. Que le Seigneur soit juge entre moi et toi ! » Abram lui répondit : « Ta servante est entre tes mains, fais-lui ce que bon te semble. »

(Début de la lecture brève : En ces jours-là,*)* Saraï humilia Agar et celle-ci prit la fuite. L'ange du Seigneur la trouva dans le désert, près d'une source, celle qui est sur la route de Shour. L'ange lui dit : « Agar, servante de Saraï, d'où viens-tu et où vas-tu ? » Elle répondit : « Je fuis ma maîtresse Saraï. » L'ange du Seigneur lui dit : « Retourne chez ta maîtresse, et humilie-toi sous sa main. » L'ange du Seigneur lui dit : « Je te donnerai une descendance tellement nombreuse qu'il sera impossible de la compter. » L'ange du Seigneur lui dit : « Tu es enceinte, tu vas enfanter un fils, et tu lui donneras le nom d'Ismaël (c'est-à-dire : Dieu entend), car le Seigneur t'a entendue dans ton humiliation. Cet homme sera comme l'âne sauvage : sa main se dressera contre tous, et la main de tous contre lui ; il établira sa demeure face à tous ses frères. » Agar enfanta un fils à Abram, qui lui donna le nom d'Ismaël. Abram avait 86 ans quand Agar lui enfanta Ismaël.

– Parole du Seigneur.

Psaume 105 (106)

℟ ***Rendez grâce au Seigneur : Il est bon !***
ou ***Alléluia !***

Rendez grâce au Seigneur : Il est bon !
Éternel est son amour !
Qui dira les hauts faits du Seigneur,
qui célébrera ses louanges ? ℟

Heureux qui pratique la justice,
qui observe le droit en tout temps !

Souviens-toi de moi, Seigneur,
dans ta bienveillance pour ton peuple. ℟

Toi qui le sauves, visite-moi :
que je voie le bonheur de tes élus ;
que j'aie part à la joie de ton peuple,
à la fierté de ton héritage. ℟

Acclamation de l'Évangile

Alléluia. Alléluia. Si quelqu'un m'aime, il gardera ma parole, dit le Seigneur ; mon Père l'aimera, et nous viendrons vers lui. ***Alléluia.***

Évangile de Jésus Christ

selon saint Matthieu (7, 21-29)

La maison construite sur le roc et la maison construite sur le sable

En ce temps-là, Jésus disait à ses disciples : « Ce n'est pas en me disant : "Seigneur, Seigneur !" qu'on entrera dans le royaume des Cieux, mais c'est en faisant la volonté de mon Père qui est aux cieux. Ce jour-là, beaucoup me diront : "Seigneur, Seigneur, n'est-ce pas en ton nom que nous avons prophétisé, en ton nom que nous avons expulsé les démons, en ton nom que nous avons fait beaucoup de miracles ?" Alors je leur déclarerai : "Je ne vous ai jamais connus. Écartez-vous de moi, vous qui commettez le mal !" Ainsi, celui qui entend les paroles que je dis là et les met en pratique est comparable à un homme prévoyant qui a construit sa maison sur le roc. La pluie est tombée, les torrents ont dévalé, les vents ont soufflé et se sont abattus sur cette maison ; la maison ne s'est pas écroulée, car elle était fondée sur le roc. Et celui qui entend de moi ces paroles sans les mettre en pratique est comparable à un homme insensé qui a construit sa maison sur le sable. La pluie est tombée, les torrents ont dévalé, les vents ont soufflé, ils sont venus battre cette maison ; la maison s'est écroulée, et son écroulement a été complet. » Lorsque Jésus eut terminé ce discours, les foules restèrent frappées de son enseignement, car il les enseignait en homme qui a autorité, et non pas comme leurs scribes.

Prière sur les offrandes

Seigneur Dieu, tu donnes à notre humanité la nourriture qui fortifie, et le sacrement qui renouvelle ; nous t'en prions : fais que ton secours ne manque jamais à nos corps et à nos esprits. Par le Christ, notre Seigneur. ***— Amen.***

Antienne de la communion

J'ai demandé une chose au Seigneur,
la seule que je cherche : habiter
la maison du Seigneur tous les jours
de ma vie. (Ps 26, 4)

OU

Père saint, garde mes disciples unis
dans ton nom, le nom que tu m'as
donné, pour qu'ils soient un, comme
nous-mêmes, dit le Seigneur. (Jn 17, 11)

Prière après la communion
Cette communion à tes mystères, Seigneur, préfigure l'union des fidèles en toi ; fais qu'elle produise un fruit d'unité dans ton Église. Par le Christ, notre Seigneur. — ***Amen.***

INVITATION

Et si je choisissais un chant pour le fredonner toute la journée ?

COMMENTAIRE

Constance de Dieu Genèse 16, 1-12.15-16

Une femme frustrée fait de son esclave un objet sexuel pour avoir un enfant « par procuration » et enrôle son époux dans ce plan. Puis elle se venge sur cette esclave qui affiche trop sa fierté de future mère. Le mari, de son côté, démissionne, montrant que, pour lui aussi, Agar n'est qu'un objet. L'auteur souligne ici la constance de Dieu à bénir malgré le côté pitoyable de ses partenaires humains. ■

Jean-Marc Liautaud, Fondacio

VENDREDI 27 JUIN 2025

COULEUR LITURGIQUE : BLANC

Le Sacré-Cœur de Jésus

Nul mieux que Jésus n'a su révéler la bonté du cœur de Dieu, son attention aux petits et à leurs misères quotidiennes.

Antienne d'ouverture

Les pensées de son Cœur subsistent d'âge en âge :
il veut délivrer de la mort les âmes de ceux qui le craignent,
et les nourrir aux jours de famine. (cf. Ps 32, 11.18.19)

Gloire à Dieu *(p. 231)*

Prière

Dieu tout-puissant, en glorifiant le Cœur de ton Fils bien-aimé, nous rappelons les admirables bienfaits de son amour pour nous ; nous t'en prions, accorde-nous de puiser à cette source divine une surabondance de grâce. Par Jésus…

— Amen.

OU

Seigneur notre Dieu, dans le Cœur de ton Fils meurtri par nos péchés, tu nous prodigues avec miséricorde les trésors infinis de ta tendresse ; nous t'en prions : fais que, dans l'hommage fervent de notre piété, nous lui rendions aussi les devoirs d'une juste réparation. Lui qui…

— Amen.

Lectures propres à la solennité du Sacré-Cœur de Jésus.

Lecture

du livre du prophète Ézékiel (34, 11-16)

« C'est moi qui ferai paître mon troupeau, et c'est moi qui le ferai reposer »

Ainsi parle le Seigneur Dieu : Voici que moi-même, je m'occuperai de mes brebis, et je veillerai sur elles. Comme un berger veille sur les brebis de son troupeau quand elles sont dispersées, ainsi je veillerai sur mes brebis, et j'irai les délivrer dans tous les endroits où elles ont été dispersées un jour de nuages et de sombres nuées. Je les ferai sortir d'entre les peuples, je les rassemblerai des différents pays et je les ramènerai sur leur terre ; je les ferai paître sur les montagnes d'Israël, dans les vallées, dans les endroits les meilleurs. Je les ferai paître dans un bon pâturage, et leurs prairies seront sur les hauteurs d'Israël. Là, mes brebis se reposeront dans de belles prairies, elles brouteront dans de gras pâturages, sur les monts d'Israël. C'est moi qui ferai paître mon troupeau, et c'est moi qui le ferai reposer, – oracle du Seigneur Dieu. La brebis perdue, je la chercherai ; l'égarée, je la ramènerai. Celle qui est blessée, je la panserai. Celle qui est malade, je lui rendrai des forces. Celle qui est grasse et vigoureuse, je la garderai, je la ferai paître selon le droit. – Parole du Seigneur.

Psaume 22 (23)

℟ ***Le Seigneur est mon berger : rien ne saurait me manquer.***

Le Seigneur est mon berger :
je ne manque de rien.
Sur des prés d'herbe fraîche,
il me fait reposer. ℟

Il me mène vers les eaux tranquilles
et me fait revivre ;
il me conduit par le juste chemin
pour l'honneur de son nom. ℟

Si je traverse les ravins de la mort,
je ne crains aucun mal,
car tu es avec moi :
ton bâton me guide et me rassure. ℟

Tu prépares la table pour moi
devant mes ennemis ;
tu répands le parfum sur ma tête,
ma coupe est débordante. ℟

Grâce et bonheur m'accompagnent
tous les jours de ma vie ;
j'habiterai la maison du Seigneur
pour la durée de mes jours. ℟

Lecture

de la lettre de saint Paul apôtre aux Romains (5, 5b-11)

« La preuve que Dieu nous aime »

Frères, l'amour de Dieu a été répandu dans nos cœurs par l'Esprit Saint qui nous a été donné. Alors que nous n'étions encore capables de rien, le Christ, au temps fixé par Dieu, est mort pour les impies que nous étions. Accepter de mourir pour un homme juste, c'est déjà difficile ; peut-être quelqu'un s'exposerait-il à mourir pour un homme de bien.

Or, la preuve que Dieu nous aime, c'est que le Christ est mort pour nous, alors que nous étions encore pécheurs. À plus forte raison, maintenant que le sang du Christ nous a fait devenir des justes, serons-nous sauvés par lui de la colère de Dieu. En effet, si nous avons été réconciliés avec Dieu par la mort de son Fils alors que nous étions ses ennemis, à plus forte raison, maintenant que nous sommes réconciliés, serons-nous sauvés en ayant part à sa vie. Bien plus, nous mettons notre fierté en Dieu, par notre Seigneur Jésus Christ, par qui, maintenant, nous avons reçu la réconciliation.
– Parole du Seigneur.

Acclamation de l'Évangile

Alléluia. Alléluia. Je suis le bon pasteur, dit le Seigneur ; je connais mes brebis et mes brebis me connaissent. ***Alléluia.***
OU :
Alléluia. Alléluia. Prenez sur vous mon joug, devenez mes disciples, car je suis doux et humble de cœur. ***Alléluia.***

Évangile de Jésus Christ

selon saint Luc (15, 3-7)

« Réjouissez-vous avec moi, car j'ai retrouvé ma brebis qui était perdue »

En ce temps-là, s'adressant aux pharisiens et aux scribes, Jésus disait cette parabole : « Si l'un de vous a cent brebis et qu'il en perd une, n'abandonne-t-il pas les 99 autres dans le désert pour aller chercher celle qui est perdue, jusqu'à ce qu'il la retrouve ? Quand il l'a retrouvée, il la prend sur ses épaules, tout joyeux, et, de retour chez lui, il rassemble ses amis et ses voisins pour leur dire : “Réjouissez-vous avec moi, car j'ai retrouvé ma brebis, celle qui était perdue !” Je vous le dis : C'est ainsi qu'il y aura de la joie dans le ciel pour un seul pécheur qui se convertit, plus que pour 99 justes qui n'ont pas besoin de conversion. »

Profession de foi (p. 232)

Prière sur les offrandes

Regarde, nous t'en prions, Seigneur, l'amour inexprimable du Cœur de ton Fils bien-aimé, pour que le don que nous t'offrons te soit agréable et contribue à l'expiation de nos péchés. Par le Christ, notre Seigneur. — ***Amen.***

Prière eucharistique (Préface du Sacré-Cœur)

Vraiment, il est juste et bon, pour ta gloire et notre salut, de t'offrir notre action de grâce, toujours et en tout lieu, Seigneur, Père très saint, Dieu éternel et tout-puissant, par le Christ, notre Seigneur. Dans son amour admirable, quand il fut élevé sur la croix, il s'est livré lui-même pour nous et, de son côté transpercé, il répandit le sang et l'eau d'où jaillirent les sacrements de l'Église, afin que tous, attirés vers le Cœur ouvert du Sauveur, ne cessent de venir puiser dans la joie aux sources vives du salut. C'est pourquoi, avec les saints et tous les anges, nous te louons et sans fin nous proclamons : ***Saint ! Saint ! Saint...***

Antienne de la communion

Si quelqu'un a soif, dit le Seigneur, qu'il vienne à moi, et qu'il boive. Si quelqu'un croit en moi, de son cœur couleront des fleuves d'eau vive. (cf. Jn 7, 37-38)

OU

Un des soldats avec sa lance lui perça le côté ; et aussitôt, il en sortit du sang et de l'eau. (Jn 19, 34)

Prière après la communion

Par ce sacrement de ton amour, Seigneur, fais-nous brûler d'une charité qui nous attire toujours vers ton Fils, et nous apprenne ainsi à le reconnaître en nos frères. Lui qui… **— *Amen.***

INVITATION

C'est aujourd'hui la fête du Sacré-Cœur de Jésus.
Je pourrais lire l'encyclique du pape François *Dilexit nos* à son sujet.

COMMENTAIRE

Sauver même les ennemis — Romains 5, 5b-11

Dieu n'est l'ennemi de personne. En revanche, quiconque, cédant à la logique du manque et de la peur, se fait esclave du péché se comporte en ennemi de Dieu. Un peu comme quiconque néglige son corps se comporte en ennemi de sa santé et subira, en retour, sa « colère ». C'est en faveur de ces ennemis – que nous sommes toutes et tous, à l'un ou l'autre moment – que le Christ effectue le don inouï de sa propre vie. ■

***Jean-Marc Liautaud**, Fondacio*

SAMEDI 28 JUIN 2025

COULEUR LITURGIQUE : BLANC

Cœur Immaculé de la bienheureuse Vierge Marie

La célébration du Cœur Immaculé de la bienheureuse Vierge Marie nous invite à communier plus profondément à son ouverture à Dieu.

Antienne d'ouverture

Mon cœur est dans la joie, car tu me sauves ;
je chanterai le Seigneur pour le bien qu'il m'a fait. (cf. Ps 12, 6)

Prière

Seigneur Dieu, tu as préparé dans le cœur de la bienheureuse Vierge Marie une demeure digne de l'Esprit Saint ; accorde-nous, à son intercession, de devenir le temple de ta gloire. Par Jésus… ***– Amen.***

Lectures propres à la mémoire du Cœur Immaculé de la bienheureuse Vierge Marie.

Lecture

du livre du prophète Isaïe (61, 9-11)

« Je tressaille de joie dans le Seigneur »

Les descendants de mon peuple seront connus parmi les nations, et leur postérité, au milieu des peuples. Qui les verra pourra reconnaître la descendance bénie du Seigneur.
Je tressaille de joie dans le Seigneur, mon âme exulte en mon Dieu. Car il m'a vêtue des vêtements du salut, il m'a couverte du manteau de la justice, comme le jeune marié orné du diadème, la jeune mariée que parent ses joyaux. Comme la terre fait éclore son germe, et le jardin, germer ses semences, le Seigneur Dieu fera germer la justice et la louange devant toutes les nations. – Parole du Seigneur.

Cantique 1 Samuel 2, 1, 4-5ab, 6-7, 8abcd

℟ ***Mon cœur exulte à cause du Seigneur : c'est lui qui me sauve.***

Mon cœur exulte à cause du Seigneur ;
mon front s'est relevé grâce à mon Dieu !
Face à mes ennemis, s'ouvre ma bouche :
oui, je me réjouis de ton salut ! ℟

L'arc des forts est brisé,
mais le faible se revêt de vigueur.
Les plus comblés s'embauchent pour du pain,
et les affamés se reposent. ℟

Le Seigneur fait mourir et vivre ;
il fait descendre à l'abîme et en ramène.
le Seigneur rend pauvre et riche ;
il abaisse et il élève. ℟

De la poussière, il relève le faible,
il retire le malheureux de la cendre
pour qu'il siège parmi les princes,
et reçoive un trône de gloire. ℟

Acclamation de l'Évangile

Alléluia. Alléluia. Heureuse Vierge Marie ! Attentive à garder la parole de Dieu, elle la méditait dans son cœur ! ***Alléluia.***

Évangile de Jésus Christ

selon saint Luc (2, 41-51)

« Sa mère gardait dans son cœur tous ces événements »

Chaque année, les parents de Jésus se rendaient à Jérusalem pour la fête de la Pâque. Quand il eut douze ans, ils montèrent en pèlerinage suivant la coutume. À la fin de la fête, comme ils s'en retournaient, le jeune Jésus resta à Jérusalem à l'insu de ses parents. Pensant qu'il était dans

DIMANCHE 29 JUIN 2025

SAINTS PIERRE ET PAUL, APÔTRES

ANNÉE C – COULEUR LITURGIQUE : ROUGE

Nous fêtons ensemble Pierre et Paul, colonnes de l'Église. Pour la plus grande gloire de Dieu, afin que la Bonne Nouvelle soit proclamée partout, ils n'ont pas hésité à faire don de leur vie et à mourir en martyrs. En cette fête, demandons au Seigneur l'audace de proclamer la bonne nouvelle du Royaume. Devenons, à notre tour, de joyeux témoins de l'Évangile.

RITES INITIAUX

Chant d'entrée *(Suggestions p. 260)*

OU

Antienne d'ouverture

Voici les apôtres qui, durant leur vie sur terre, ont enraciné l'Église au prix de leur sang. Ils ont bu à la coupe du Seigneur et sont devenus les amis de Dieu.

Suggestion de préparation pénitentielle *(ou p. 228)*

Frères et sœurs, en ce jour où nous rendons grâce pour les apôtres Pierre et Paul, préparons-nous à célébrer le mystère de l'eucharistie, reconnaissons que nous avons péché.

> Prends pitié de nous, Seigneur. À l'image des apôtres Pierre et Paul, tu nous envoies porter la Bonne Nouvelle du salut aux quatre coins de la terre.
>
> ***— Nous avons péché contre toi.***
>
> Toi l'Envoyé du Père, tu entends les cris des pauvres, tu rends la vie aux pécheurs, montre-nous, ta miséricorde.
>
> ***— Et donne-nous ton salut.***

Que Dieu tout-puissant nous fasse miséricorde ; qu'il nous pardonne nos péchés et nous conduise à la vie éternelle. ***— Amen.***

Ensuite on chante ou on dit le Kyrie.

Gloire à Dieu *(p. 231)*

Prière
Seigneur Dieu, tu nous as donné ce jour de sainte joie pour fêter les apôtres Pierre et Paul ; accorde à ton Église une fidélité sans faille à leur enseignement, puisqu'elle a reçu par eux la première annonce de la foi. Par Jésus… — ***Amen.***

LITURGIE DE LA PAROLE

Lecture du livre des Actes des Apôtres (12, 1-11)

« Vraiment, je me rends compte maintenant que le Seigneur m'a arraché aux mains d'Hérode »

À cette époque, le roi Hérode Agrippa se saisit de certains membres de l'Église pour les mettre à mal. Il supprima Jacques, frère de Jean, en le faisant décapiter. Voyant que cette mesure plaisait aux Juifs, il décida aussi d'arrêter Pierre. C'était les jours des Pains sans levain. Il le fit appréhender, emprisonner, et placer sous la garde de quatre escouades de quatre soldats ; il voulait le faire comparaître devant le peuple après la Pâque. Tandis que Pierre était ainsi détenu dans la prison, l'Église priait Dieu pour lui avec insistance. Hérode allait le faire comparaître. Or, Pierre dormait, cette nuit-là, entre deux soldats ; il était attaché avec deux chaînes et des gardes étaient en faction devant la

porte de la prison. Et voici que survint l'ange du Seigneur, et une lumière brilla dans la cellule. Il réveilla Pierre en le frappant au côté et dit : « Lève-toi vite. » Les chaînes lui tombèrent des mains. Alors l'ange lui dit : « Mets ta ceinture et chausse tes sandales. » Ce que fit Pierre. L'ange ajouta : « Enveloppe-toi de ton manteau et suis-moi. »
Pierre sortit derrière lui, mais il ne savait pas que tout ce qui arrivait grâce à l'ange était bien réel ; il pensait qu'il avait une vision. Passant devant un premier poste de garde, puis devant un second, ils arrivèrent au portail de fer donnant sur la ville. Celui-ci s'ouvrit tout seul devant eux. Une fois dehors, ils s'engagèrent dans une rue, et aussitôt l'ange le quitta. Alors, se reprenant, Pierre dit : « Vraiment, je me rends compte maintenant que le Seigneur a envoyé son ange, et qu'il m'a arraché aux mains d'Hérode et à tout ce qu'attendait le peuple juif. »
– Parole du Seigneur.

Psaume 33 (34)

℟ ***De toutes mes frayeurs, le Seigneur me délivre.***

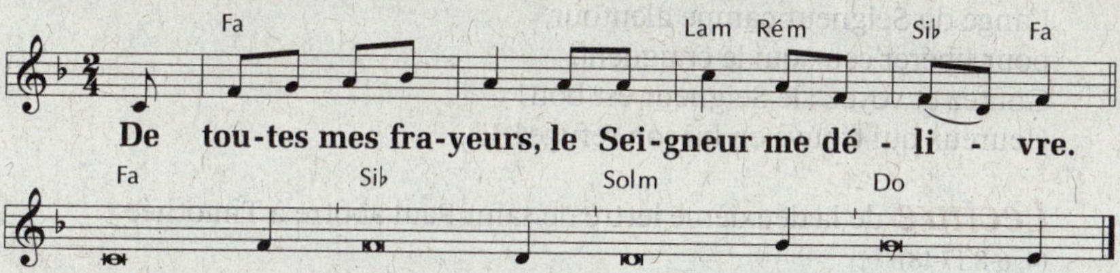

T. : AELF; M. : M. Wackenheim; Éd. : ADF.

Je bénirai le Seigneur en tout temps,
sa louange sans cesse à mes lèvres.
Je me glorifierai dans le Seigneur :
que les pauvres m'entendent et soient en fête ! ℟

Magnifiez avec moi le Seigneur,
exaltons tous ensemble son nom.
Je cherche le Seigneur, il me répond :
de toutes mes frayeurs, il me délivre. ℟

Qui regarde vers lui resplendira,
sans ombre ni trouble au visage.
Un pauvre crie ; le Seigneur entend :
il le sauve de toutes ses angoisses. ℟

Écoutez ce psaume sur www.prionseneglise.fr/messe-du-dimanche

℟ ***De toutes mes frayeurs, le Seigneur me délivre.***

L'ange du Seigneur campe alentour,
pour libérer ceux qui le craignent.
Goûtez et voyez : le Seigneur est bon !
Heureux qui trouve en lui son refuge ! ℟

Lecture de la deuxième lettre de saint Paul apôtre à Timothée (4, 6-8.17-18)

« Je n'ai plus qu'à recevoir la couronne de la justice »

Bien-aimé, je suis déjà offert en sacrifice, le moment de mon départ est venu. J'ai mené le bon combat, j'ai achevé ma course, j'ai gardé la foi. Je n'ai plus qu'à recevoir la couronne de la justice : le Seigneur, le juste juge, me la remettra en ce jour-là, et non seulement à moi, mais aussi à tous ceux qui auront désiré avec amour sa Manifestation glorieuse.
Tous m'ont abandonné. Le Seigneur, lui, m'a assisté. Il m'a rempli de force pour que, par moi, la proclamation de l'Évangile s'accomplisse jusqu'au bout et que toutes les nations l'entendent. J'ai été arraché à la gueule du lion ; le Seigneur m'arrachera encore à tout ce qu'on fait pour me nuire. Il me sauvera et me fera entrer dans son Royaume céleste. À lui la gloire pour les siècles des siècles. Amen.
– Parole du Seigneur.

Acclamation de l'Évangile

Alléluia. Alléluia. Tu es Pierre, et sur cette pierre je bâtirai mon Église ; et la puissance de la Mort ne l'emportera pas sur elle. ***Alléluia.***

U 36-78 ; M. : J.-J. Roux ; Psalmodie : M. Wackenheim ; Bayard Liturgie.

Évangile de Jésus Christ selon saint Matthieu (16, 13-19)

« Tu es Pierre, et je te donnerai les clés du royaume des Cieux »

En ce temps-là, Jésus, arrivé dans la région de Césarée-de-Philippe, demandait à ses disciples : « Au dire des gens, qui est le Fils de l'homme ? » Ils répondirent : « Pour les uns, Jean le Baptiste ; pour d'autres, Élie ; pour d'autres encore, Jérémie ou l'un des prophètes. » Jésus leur demanda : « Et vous, que dites-vous ? Pour vous, qui suis-je ? » Alors Simon-Pierre prit la parole et dit :

« Tu es le Christ, le Fils du Dieu vivant ! » Prenant la parole à son tour, Jésus lui dit : « Heureux es-tu, Simon fils de Yonas : ce n'est pas la chair et le sang qui t'ont révélé cela, mais mon Père qui est aux cieux. Et moi, je te le déclare : Tu es Pierre, et sur cette pierre je bâtirai mon Église ; et la puissance de la Mort ne l'emportera pas sur elle. Je te donnerai les clés du royaume des Cieux : tout ce que tu auras lié sur la terre sera lié dans les cieux, et tout ce que tu auras délié sur la terre sera délié dans les cieux. »

Homélie

Profession de foi (p. 232)

Suggestion de prière universelle

Le prêtre :

Colonnes de l'Église, Pierre et Paul n'ont pas ménagé leurs peines pour rendre l'espoir au monde. Avec foi, tournons-nous vers le Père. Prions-le pour l'Église et pour tous les peuples.

℟ ***En ta bonté, Seigneur, écoute notre appel.***

En ta bon - té, Sei - gneur, é - cou - te notre ap - pel.

Y 33-3 SM ; T. et M. : M. Debaisieux.

Le diacre ou un lecteur :

Pierre et Paul ont mené la barque de l'Église avec audace et humilité. Prions pour notre Église, pour notre pape, pour nos évêques, nos prêtres. Qu'ils s'inspirent de la foi et de la joie des apôtres. Ensemble, prions le Seigneur. ℟

Pierre et Paul ont œuvré à l'unité de l'Église. Prions pour les baptisés de toutes les Églises. Que tous les chrétiens du monde apprennent à se respecter et à dialoguer. Ensemble, prions le Seigneur. ℟

Pierre et Paul ont traversé bien des épreuves. Prions pour les malades et pour les personnes isolées, confinées loin de leur famille. Que la solidarité grandisse entre les baptisés. Ensemble, prions le Seigneur. ℟

Pierre et Paul ont enseigné aux foules et guéri les malades. Prions pour les baptisés engagés dans un service au sein de notre paroisse : catéchistes, ministres de la Parole et de l'eucharistie… Que la joie anime leurs pas. Ensemble, prions le Seigneur. ℟

(Ces intentions seront adaptées ou modifiées selon les circonstances. On peut aussi s'inspirer de l'intention universelle du Saint-Père, p. 6.)

Le prêtre :

Dieu notre Père, en cette fête des apôtres Pierre et Paul, prends soin de ton Église, et daigne exaucer notre prière, par le Christ, notre Seigneur. — ***Amen.***

LITURGIE EUCHARISTIQUE

Prière sur les offrandes

Que la prière de tes apôtres, Seigneur, accompagne l'offrande qui sera consacrée à ton nom ; qu'elle augmente notre ferveur envers toi pour célébrer le sacrifice. Par le Christ, notre Seigneur. — ***Amen.***

Prière eucharistique *(Préface de saint Pierre et saint Paul)*

Vraiment, il est juste et bon, pour ta gloire et notre salut, de t'offrir notre action de grâce, toujours et en tout lieu, Seigneur, Père très saint, Dieu éternel et tout-puissant. Car tu nous donnes la joie de célébrer en ce jour les bienheureux apôtres Pierre et Paul : celui qui fut le premier à confesser la foi, et celui qui l'a mise en lumière ; Pierre qui constitua l'Église naissante parmi les pauvres d'Israël, et Paul, maître et docteur des nations appelées au salut ; l'un et l'autre ont travaillé, par des voies différentes, à rassembler l'unique famille du Christ ; dans le martyre, une même couronne les a réunis et ils reçoivent, de par le monde, la même vénération. C'est pourquoi, avec les saints et tous les anges, nous te louons et sans fin nous proclamons : ***Saint ! Saint ! Saint...***

Chant de communion *(Suggestions p. 260)*

OU

Antienne de la communion

Pierre dit à Jésus : « Tu es le Christ, le Fils du Dieu vivant. »
Jésus lui répondit : « Tu es Pierre,
et sur cette pierre je bâtirai mon Église. »
(cf. Mt 16, 16.18)

Prière après la communion

Après nous avoir fortifiés par ce sacrement, Seigneur, fais-nous vivre dans ton Église comme les premiers chrétiens : assidus à la fraction du pain et à l'enseignement des Apôtres, nous serons un seul cœur, une seule âme, solidement enracinés dans ton amour. Par le Christ, notre Seigneur. ***— Amen.***

RITE DE CONCLUSION

Bénédiction solennelle

Que Dieu tout-puissant vous bénisse : par la profession de foi du bienheureux Pierre, il vous a affermis pour le salut, il vous a fondés solidement dans la foi de l'Église.
— Amen.

Par la prédication infatigable du bienheureux Paul, Dieu vous a instruits : que toujours son exemple enseigne à gagner de nouveaux frères au Christ.
— Amen.
Puissent les clefs de Pierre et les paroles de Paul, et l'intercession de l'un et de l'autre nous aider à entrer dans la patrie où, l'un par la croix, l'autre par le glaive, ils ont eu la joie de parvenir.
— Amen.
Et que la bénédiction de Dieu tout-puissant, le Père, et le Fils, ✠ et le Saint-Esprit, descende sur vous et y demeure toujours.
— Amen.

Envoi

COMMENTAIRE DU DIMANCHE

Karem Bustica, rédactrice en chef de *Prions en Église*

Une, sainte, catholique et apostolique

La fête des saints Pierre et Paul est une proclamation de l'Église une, sainte, catholique et apostolique. « Apostolique », c'est-à-dire que l'Église est fondée sans interruption sur la foi transmise par les apôtres. Pierre et Paul sont des témoins éminents de cette foi. Depuis la profession spontanée de Pierre (Mt 16, 16) jusqu'à l'espérance inébranlable de Paul (2 Tm 4, 17), leurs messages soutiennent l'adhésion et l'unité des chrétiens de toute culture et de tout temps. Car la mission de l'Église est de porter le Christ au monde.

C'est cela la catholicité : le fait d'annoncer l'Évangile à tous, qui que l'on soit. L'Église s'adresse à tous les peuples. Pierre et Paul nous apprennent qu'il ne s'agit ni d'une multinationale ni d'une ONG, car le rassemblement en une même foi est un élan vers Dieu, •••

••• une ouverture à lui. Le Christ et son Esprit rassemblent l'Église, comme le révèlent Pierre et Paul et les communautés qu'ils ont formées, et non le charisme d'un dirigeant. C'est dans ce sens que l'Église est sainte. Non pas que ses membres soient sans péché, mais parce qu'elle est sanctifiée par l'Esprit Saint. Pierre et Paul se sont laissés transformer par la grâce de Dieu. Leur martyre en est le témoignage ultime.
Et l'unité ? C'est sans doute le trait le plus surnaturel de l'Église, car nous croyons que c'est à travers elle que Dieu fait de tous les peuples une seule et même famille.

~

Que m'inspire la fête des saints Pierre et Paul ?
De qui me sens-je le plus proche ? Pourquoi ?
En ce jour où l'Église fête les saints Pierre et Paul,
quelle est ma profession de foi ? ■

PrionsenEglise
Junior

LIRE L'ÉVANGILE AVEC LES ENFANTS

CE QUE JE DÉCOUVRE

Aujourd'hui, nous célébrons deux grands saints : **Pierre et Paul.** Ils sont parmi les premiers à avoir fait connaître la Bonne Nouvelle de Jésus.
Pierre a connu Jésus, il a vécu avec lui.
Paul, lui, n'a pas connu Jésus, il s'est converti.
Tous les deux ont annoncé l'Évangile avec leurs talents et leurs faiblesses, car Dieu nous appelle tels que nous sommes.

CE QUE JE VIS

Et toi quels sont tes talents pour partir en mission ?
Que répondrais-tu à un ami qui te demande « qui est Jésus » ?
Pierre est le tout premier pape. **Tu peux prier pour l'Église, pour le pape et pour les prêtres que tu connais.**

Texte : Sophie Pelloux-Prayer, Frédéric Pascal. Illustration : Marcelino Truong

MÉDITATION BIBLIQUE

SAINTS PIERRE ET PAUL, APÔTRES

Évangile selon saint Matthieu 16, 13-19

Lier et délier

Au moment de confier l'avenir de sa communauté à Pierre, Jésus le met en garde. L'évangile du jour annonce la responsabilité de l'Église dans les actes qu'elle pose.

Le temps de la préparation

« Qui regarde vers lui resplendira, sans ombre ni trouble au visage. Un pauvre crie ; le Seigneur entend : il le sauve de toutes ses angoisses. » (Ps 33, 6-7)

Le temps de l'observation

C'est un moment d'explication entre Jésus et ses disciples. Un moment où on s'assoit pour se dire des choses qui comptent. Dans cet instant privilégié, Jésus explique à Pierre comment il participera au dessein de Dieu. C'est à lui que reviendra la responsabilité de poursuivre la mission rendue visible par la vie de Jésus. « Tout ce que tu auras lié sur la terre sera lié dans les cieux, et tout ce que tu auras délié sur la terre sera délié dans les cieux. » Le propos en révèle toute la dimension spirituelle. La communauté dont Pierre est le signe aura en charge de vivre une existence profondément humaine donc spirituelle. Les actions, les paroles, les rites posés dans le monde par l'Église résonneront dans le monde visible et invisible et auront des répercussions dans la vie des personnes concernées. C'est une sacrée responsabilité que Jésus confie à Pierre et à ses successeurs !

Le temps de la méditation

L'Église peut lier et délier. Elle peut être témoin des alliances des personnes avec Dieu. Elle peut aussi délier, favoriser la libération, participer à la lutte contre tout ce qui asservit. Dans ce geste, elle est au service de la mission d'amour de Dieu pour l'humanité. Elle peut aussi délier ce qu'elle a lié, le texte ne dit pas le contraire. Les paroles de l'évangile annoncent la responsabilité de l'Église dans les actes qu'elle pose. C'est une mise en garde de Jésus à l'Église. Si les paroles prononcées en son nom ont un si grand poids, alors cela l'obligera à une extrême délicatesse. Ni sa parole ni ses actions ne seront neutres. Si elle a le pouvoir de réconforter, elle aura aussi le pouvoir de menacer. Jésus dit à Pierre qu'un grand pouvoir implique une grande responsabilité. La tradition retiendra que rien ne pourra se faire sans un amour véritable et profond des personnes auxquelles l'Église s'adressera.

Le temps de la prière

« Magnifiez avec moi le Seigneur, exaltons tous ensemble son nom. Le Seigneur entend ceux qui l'appellent : de toutes leurs angoisses, il les délivre. » (Ps 33, 4.18) ■

Marie-Laure Durand, bibliste

DES IMAGES POUR LA FOI

SAINTS PIERRE ET PAUL, APÔTRES

Deux colonnes pour l'Église

Sur cette plaque funéraire de la fin du IVe siècle, Pierre et Paul sont associés : le monogramme du Christ (le chrisme) les réunit.

C'est parce que l'Église de Rome a toujours considéré le témoignage (« martyre » en grec) des deux apôtres Pierre et Paul comme son acte de naissance que, depuis les premiers siècles, elle a choisi de les honorer ensemble le même jour, le 29 juin. Elle aurait pu les séparer, les distinguer, mais elle s'y est toujours refusée voyant dans la figure des deux disciples du Christ deux balises qui lui ouvrent un chemin vers le large. Cet attachement à ces deux colonnes de l'Église se manifeste aussi très tôt dans l'iconographie, qui les représente souvent ensemble,

Saint Pierre et saint Paul
Plaque de la sépulture de l'enfant Asellus (IVe siècle), musées du Vatican, Rome.

comme sur cette plaque funéraire d'un petit enfant chrétien du IVe siècle. Même si ce n'est pas un chef-d'œuvre, la vitalité qui s'en dégage, la présence des regards, nous parlent encore aujourd'hui. Tous les cinq ans, les évêques sont invités par le pape à venir prier *ad limina apostolorum*, c'est-à-dire « au seuil (des tombeaux) des apôtres ». Comme eux, en cette année jubilaire, nous sommes appelés à venir (physiquement ou en esprit) ressourcer notre foi et notre espérance auprès de Pierre et Paul, qui ont donné leur vie pour le Christ et l'Évangile.■ **Dominique Pierre**

LUNDI 30 JUIN 2025

13E SEMAINE DU TEMPS ORDINAIRE COULEUR LITURGIQUE : VERT

Temps ordinaire, *suggestion d'oraisons et d'antiennes n° 12*
ou **les saints premiers martyrs de l'Église de Rome,** *voir p. 227*

Antienne d'ouverture

Le Seigneur est la force de son peuple,
le refuge et le salut de son messie.
Sauve ton peuple, Seigneur, bénis ton héritage,
et conduis-le à jamais. (cf. Ps 27, 8-9)

Prière

Fais-nous vivre à tout moment, Seigneur, dans l'amour et le respect de ton saint nom, toi qui ne cesses jamais de guider ceux que tu enracines solidement dans ta charité. Par Jésus… ***— Amen.***

Lecture

du livre de la Genèse (18, 16-33)

« Vas-tu faire périr le juste avec le coupable ? »

Aux chênes de Mambré, les hommes se levèrent pour partir et regardèrent du côté de Sodome. Abraham marchait avec eux pour les reconduire. Le Seigneur s'était dit : « Est-ce que je vais cacher à Abraham ce que je veux faire ? Car Abraham doit devenir une nation grande et puissante, et toutes les nations de la terre doivent être bénies en lui. En effet, je l'ai choisi pour qu'il ordonne à ses fils et à sa descendance

de garder le chemin du Seigneur, en pratiquant la justice et le droit ; ainsi, le Seigneur réalisera sa parole à Abraham. » Alors le Seigneur dit : « Comme elle est grande, la clameur au sujet de Sodome et de Gomorrhe ! Et leur faute, comme elle est lourde ! Je veux descendre pour voir si leur conduite correspond à la clameur venue jusqu'à moi. Si c'est faux, je le reconnaîtrai. »
Les hommes se dirigèrent vers Sodome, tandis qu'Abraham demeurait devant le Seigneur. Abraham s'approcha et dit : « Vas-tu vraiment faire périr le juste avec le coupable ? Peut-être y a-t-il cinquante justes dans la ville. Vas-tu vraiment les faire périr ? Ne pardonneras-tu pas à toute la ville à cause des cinquante justes qui s'y trouvent ? Loin de toi de faire une chose pareille ! Faire mourir le juste avec le coupable, traiter le juste de la même manière que le coupable, loin de toi d'agir ainsi ! Celui qui juge toute la terre n'agirait-il pas selon le droit ? » Le Seigneur déclara : « Si je trouve cinquante justes dans Sodome, à cause d'eux je pardonnerai à toute la ville. » Abraham répondit : « J'ose encore parler à mon Seigneur, moi qui suis poussière et cendre. Peut-être, sur les cinquante justes, en manquera-t-il cinq : pour ces cinq-là, vas-tu détruire toute la ville ? » Il déclara : « Non, je ne la détruirai pas, si j'en trouve quarante-cinq. » Abraham insista : « Peut-être s'en trouvera-t-il seulement quarante ? » Le Seigneur déclara : « Pour quarante, je ne le ferai pas. » Abraham dit : « Que mon Seigneur ne se mette pas en colère, si j'ose parler encore. Peut-être s'en trouvera-t-il seulement trente ? » Il déclara : « Si j'en trouve trente, je ne le ferai pas. » Abraham dit alors : « J'ose encore parler à mon Seigneur. Peut-être s'en trouvera-t-il seulement

vingt ? » Il déclara : « Pour vingt, je ne détruirai pas. » Il dit : « Que mon Seigneur ne se mette pas en colère : je ne parlerai plus qu'une fois. Peut-être s'en trouvera-t-il seulement dix ? » Et le Seigneur déclara : « Pour dix, je ne détruirai pas. » Quand le Seigneur eut fini de s'entretenir avec Abraham, il partit, et Abraham retourna chez lui. – Parole du Seigneur.

Psaume 102 (103)

℟ ***Le Seigneur est tendresse et pitié.***

Bénis le Seigneur, ô mon âme,
bénis son nom très saint, tout mon être !
Bénis le Seigneur, ô mon âme,
n'oublie aucun de ses bienfaits ! ℟

Car il pardonne toutes tes offenses
et te guérit de toute maladie ;
il réclame ta vie à la tombe
et te couronne d'amour et de tendresse. ℟

Le Seigneur est tendresse et pitié,
lent à la colère et plein d'amour ;
il n'est pas pour toujours en procès,
ne maintient pas sans fin ses reproches. ℟

Il n'agit pas envers nous selon nos fautes,
ne nous rend pas selon nos offenses.
Comme le ciel domine la terre,
fort est son amour pour qui le craint ! ℟

Acclamation de l'Évangile

Alléluia. Alléluia. Aujourd'hui, ne fermez pas votre cœur, mais écoutez la voix du Seigneur. ***Alléluia.***

Évangile de Jésus Christ

selon saint Matthieu (8, 18-22)

« Suis-moi »

En ce temps-là, Jésus, voyant une foule autour de lui, donna l'ordre de partir vers l'autre rive. Un scribe s'approcha et lui dit : « Maître, je te suivrai partout où tu iras. » Mais Jésus lui déclara : « Les renards ont des terriers, les oiseaux du ciel ont des nids ; mais le Fils de l'homme n'a pas d'endroit où reposer la tête. » Un autre de ses disciples lui dit : « Seigneur, permets-moi d'aller d'abord enterrer mon père. » Jésus lui dit : « Suis-moi, et laisse les morts enterrer leurs morts. »

Prière sur les offrandes

Accueille, Seigneur, le sacrifice de louange et de paix ; accorde-nous d'être purifiés par son action et de t'offrir un cœur qui te plaise. Par le Christ, notre Seigneur. ***— Amen.***

Antienne de la communion

Les yeux sur toi, tous, ils espèrent,
Seigneur : tu leur donnes la
nourriture au temps voulu. (Ps 144, 15)

OU

Je suis le bon pasteur, et je donne
ma vie pour mes brebis,
dit le Seigneur. (Jn 10, 11.15)

Prière après la communion
Nourris et renouvelés par le corps sacré et le sang précieux de ton Fils, nous implorons ta bonté, Seigneur : fais que, sûrs de la rédemption, nous possédions ce que nous aimons célébrer avec ferveur. Par le Christ, notre Seigneur. — ***Amen.***

INVITATION

Je peux rendre grâce pour tous les sacrements vécus ou reçus au cours de ce mois, en particulier pour les prêtres ordonnés hier.

COMMENTAIRE

L'urgence de la suite Matthieu 8, 18-22

Jésus, l'homme qui marche, selon Christian Bobin, sur la mort, tendu vers l'autre rive, celle de la vie. C'est ce qu'il dit à ceux qui veulent le suivre : pas de repos à sa suite, sinon en lui, pas de regard en arrière ; marcher, car s'arrêter serait mourir. Comme lui, aller en hâte vers l'avant du Royaume. Il y a comme une urgence, celle, dans l'aujourd'hui, de servir le vivant. C'est cela, le suivre. ■

***Colette Hamza**, xavière*

Les saints premiers martyrs de l'Église de Rome

Couleur liturgique : rouge

Ier siècle. Injustement accusés par Néron d'être responsables de l'incendie de Rome en l'an 64, de très nombreux chrétiens furent crucifiés, jetés aux fauves ou brûlés vifs.

Antienne d'ouverture

Elles se réjouissent dans les cieux,
les âmes des saints qui ont suivi
les traces du Christ ; ils ont répandu
leur sang par amour pour lui :
c'est pourquoi ils exultent
avec lui pour l'éternité.

Prière

Seigneur Dieu, tu as consacré par le sang des martyrs les magnifiques débuts de l'Église de Rome ; fais que leur grand courage dans le combat nous fortifie et que leur victoire dans la foi nous réjouisse toujours. Par Jésus… — ***Amen.***

Prière sur les offrandes

Reçois, Père très saint, les offrandes que nous te présentons en faisant mémoire de tes saints martyrs ; accorde aux serviteurs que nous sommes d'être inébranlables dans la confession de ton nom. Par le Christ, notre Seigneur. — ***Amen.***

Antienne de la communion

Elle est grande auprès de Dieu,
la récompense des saints : ils sont
morts pour le Christ et vivent à jamais.

Prière après la communion

Seigneur Dieu, en tes saints martyrs tu as fait resplendir de manière admirable le mystère de la croix ; puisque nous sommes fortifiés par ce sacrifice, accorde-nous de rester fidèlement unis au Christ, et de travailler dans l'Église au salut de tous. Par le Christ, notre Seigneur. — ***Amen.***

Liturgie de la messe

RITES INITIAUX

Le chant d'entrée achevé, le prêtre et les fidèles, debout, font le signe de la croix, tandis que le prêtre, tourné vers le peuple, dit :

Au nom du Père, et du Fils, et du Saint-Esprit.

Le peuple répond :

— Amen.

Salutation

(1) La grâce de Jésus, le Christ, notre Seigneur, l'amour de Dieu le Père, et la communion de l'Esprit Saint soient toujours avec vous.

— Et avec votre esprit.

(2) Que la grâce et la paix de Dieu notre Père et du Seigneur Jésus, le Christ, soient toujours avec vous.

— Et avec votre esprit.

(3) Le Seigneur soit avec vous.

— Et avec votre esprit.

Acte pénitentiel

Frères et sœurs, préparons-nous à célébrer le mystère de l'eucharistie, en reconnaissant que nous avons péché.

(1) Je confesse à Dieu tout-puissant, je reconnais devant vous, frères et sœurs, que j'ai péché en pensée, en parole, par action et par omission ; oui, j'ai vraiment péché. C'est pourquoi je supplie la bienheureuse Vierge Marie, les anges et tous les saints, et vous aussi, frères et sœurs, de prier pour moi le Seigneur notre Dieu.

(2) Prends pitié de nous, Seigneur. – ***Nous avons péché contre toi.***
Montre-nous, Seigneur, ta miséricorde. – ***Et donne-nous ton salut.***

(3) Seigneur Jésus, envoyé pour guérir les cœurs qui reviennent vers toi :
Seigneur, prends pitié. – ***Seigneur, prends pitié.***
Ô Christ, venu appeler les pécheurs : ô Christ, prends pitié.
– ***Ô Christ, prends pitié.***
Seigneur, qui sièges à la droite du Père où tu intercèdes pour nous :
Seigneur, prends pitié. – ***Seigneur, prends pitié.***

Que Dieu tout-puissant nous fasse miséricorde ; qu'il nous pardonne nos péchés et nous conduise à la vie éternelle. – ***Amen.***

Ensuite, on chante ou on dit le Kyrie eleison (Seigneur, prends pitié), à moins qu'il n'ait été déjà employé dans une formule de l'acte pénitentiel (c'est le cas de la précédente).

Kyrie, eleison. – ***Kyrie, eleison.***
Christe, eleison. – ***Christe, eleison.***
Kyrie, eleison. – ***Kyrie, eleison.***
ou bien : Seigneur, prends pitié. – ***Seigneur, prends pitié.***
Ô Christ, prends pitié. – ***Ô Christ, prends pitié.***
Seigneur, prends pitié. – ***Seigneur, prends pitié.***

(4) Aux messes dominicales, l'aspersion de l'eau bénite peut tenir lieu de préparation pénitentielle.

Frères et sœurs bien-aimés, demandons au Seigneur de bénir cette eau qu'il a créée ; nous allons en être aspergés en mémoire de notre baptême : que Dieu nous vienne en aide, afin que nous demeurions fidèles à l'Esprit que nous avons reçu.

Le prêtre prononce sur l'eau une prière d'action de grâce. Au temps pascal :

Seigneur, Dieu tout-puissant, sois favorable aux prières de ton peuple : tandis que nous célébrons la merveille de notre création et la merveille plus grande encore de notre rédemption, daigne bénir ✠ cette eau. Tu l'as créée pour féconder la terre et donner à nos corps fraîcheur et pureté. Tu en as fait aussi l'instrument de ta miséricorde : par elle tu as libéré ton peuple de la servitude et tu as étanché sa soif dans le désert ; par elle les prophètes ont annoncé la nouvelle Alliance que tu allais conclure avec l'humanité ; par elle enfin, eau sanctifiée par le Christ au Jourdain, tu as renouvelé notre nature pécheresse dans le bain de la nouvelle naissance. Que cette eau, maintenant, nous rappelle notre baptême et nous fasse participer à la joie de nos frères et sœurs les baptisés de Pâques. Par le Christ, notre Seigneur **— Amen.**

Le prêtre circule dans l'assemblée en aspergeant les fidèles pendant que l'on chante un chant baptismal. Par exemple : Par le baptême de renaissance (I 296) ; J'ai vu l'eau vive (I 132).

Que Dieu tout-puissant nous purifie de nos péchés et, par la célébration de cette eucharistie, nous rende dignes de participer à la table de son royaume. Par le Christ, notre Seigneur. **— Amen.**

Gloire à Dieu

Gloire à Dieu, au plus haut des cieux, et paix sur la terre aux hommes,
qu'il aime. Nous te louons, nous te bénissons, nous t'adorons,
nous te glorifions, nous te rendons grâce, pour ton immense gloire,
Seigneur Dieu, Roi du ciel, Dieu le Père tout-puissant.
Seigneur, Fils unique, Jésus Christ, Seigneur Dieu,
Agneau de Dieu, le Fils du Père ;
toi qui enlèves les péchés du monde, prends pitié de nous ;
toi qui enlèves les péchés du monde, reçois notre prière ;
toi qui es assis à la droite du Père, prends pitié de nous.
Car toi seul es Saint, toi seul es Seigneur, toi seul es le Très-Haut :
Jésus Christ, avec le Saint-Esprit dans la gloire de Dieu le Père. Amen.

Gloria in excelsis Deo et in terra pax hominibus bonæ voluntatis. Laudamus te, benedicimus te, adoramus te, glorificamus te, gratias agimus tibi propter magnam gloriam tuam, Domine Deus, Rex cælestis, Deus Pater omnipotens. Domine Fili unigenite, Iesu Christe, Domine Deus, Agnus Dei, Filius Patris, qui tollis peccata mundi, miserere nobis ; qui tollis peccata mundi, suscipe deprecationem nostram.
Qui sedes ad dexteram Patris, miserere nobis.
Quoniam tu solus Sanctus, tu solus Dominus, tu solus Altissimus,
Iesu Christe, cum Sancto Spiritu : in gloria Dei Patris. Amen.

Prière d'ouverture

Voir à la date du jour.

LITURGIE DE LA PAROLE

Voir à la date du jour.

Profession de foi

Symbole de Nicée-Constantinople

Je crois en un seul Dieu, le Père tout-puissant,
créateur du ciel et de la terre, de l'univers visible et invisible.
Je crois en un seul Seigneur, Jésus Christ, le Fils unique de Dieu,
né du Père avant tous les siècles : il est Dieu, né de Dieu,
lumière née de la lumière, vrai Dieu, né du vrai Dieu,
engendré, non pas créé, consubstantiel au Père, et par lui tout a été fait.
Pour nous les hommes, et pour notre salut, il descendit du ciel;
par l'Esprit Saint, il a pris chair de la Vierge Marie, et s'est fait homme.
Crucifié pour nous sous Ponce Pilate,
il souffrit sa passion et fut mis au tombeau.
Il ressuscita le troisième jour, conformément aux Écritures,
et il monta au ciel; il est assis à la droite du Père.
Il reviendra dans la gloire, pour juger les vivants et les morts;
et son règne n'aura pas de fin.
Je crois en l'Esprit Saint, qui est Seigneur et qui donne la vie;
il procède du Père et du Fils; avec le Père et le Fils,
il reçoit même adoration et même gloire; il a parlé par les prophètes.
Je crois en l'Église, une, sainte, catholique et apostolique.
Je reconnais un seul baptême pour le pardon des péchés.
J'attends la résurrection des morts, et la vie du monde à venir. Amen.

Credo in unum Deum, Patrem omnipotentem,
Factorem cæli et terræ, visibilium omnium et invisibilium.
Et in unum Dominum Iesum Christum, Filium Dei unigenitum,
et ex Patre natum ante omnia sæcula.
Deum de Deo, lumen de lumine, Deum verum de Deo vero, genitum,
non factum, consubstantialem Patri : per quem omnia facta sunt.
Qui propter nos homines et propter nostram salutem descendit de cælis.
Et incarnatus est de Spiritu Sancto ex Maria Virgine, et homo factus est.
Crucifixus etiam pro nobis sub Pontio Pilato ;
passus et sepultus est, et resurrexit tertia die, secundum Scripturas,
et ascendit in cælum, sedet ad dexteram Patris.
Et iterum venturus est cum gloria, iudicare vivos et mortuos,
cuius regni non erit finis.
Et in Spiritum Sanctum, Dominum et vivificantem :
qui ex Patre Filioque procedit.
Qui cum Patre et Filio simul adoratur et conglorificatur :
qui locutus est per prophetas.
Et unam, sanctam, catholicam et apostolicam Ecclesiam.
Confiteor unum baptisma in remissionem peccatorum.
Et exspecto resurrectionem mortuorum, et vitam venturi sæculi.
Amen.

Symbole des Apôtres

Je crois en Dieu, le Père tout-puissant, créateur du ciel et de la terre.
Et en Jésus Christ, son Fils unique, notre Seigneur,
qui a été conçu du Saint-Esprit, est né de la Vierge Marie,
a souffert sous Ponce Pilate, a été crucifié, est mort et a été enseveli,
est descendu aux enfers, le troisième jour est ressuscité des morts,
est monté aux cieux, est assis à la droite de Dieu le Père tout-puissant,
d'où il viendra juger les vivants et les morts.
Je crois en l'Esprit Saint, à la sainte Église catholique,
à la communion des saints, à la rémission des péchés,
à la résurrection de la chair, à la vie éternelle. Amen.

Prière universelle

LITURGIE EUCHARISTIQUE

Préparation des dons

Tu es béni, Seigneur, Dieu de l'univers : nous avons reçu de ta bonté le pain
que nous te présentons, fruit de la terre et du travail des hommes ;
il deviendra pour nous le pain de la vie. ***— Béni soit Dieu, maintenant et toujours !***
Comme cette eau se mêle au vin pour le sacrement de l'Alliance,
puissions-nous être unis à la divinité de celui qui a voulu prendre notre humanité.
Tu es béni, Seigneur, Dieu de l'univers : nous avons reçu de ta bonté le vin
que nous te présentons, fruit de la vigne et du travail des hommes ;
il deviendra pour nous le vin du Royaume éternel.

— Béni soit Dieu, maintenant et toujours !

Le cœur humble et contrit, nous te supplions, Seigneur, accueille-nous : que notre sacrifice, en ce jour, trouve grâce devant toi, Seigneur notre Dieu. Lave-moi de mes fautes, Seigneur, et purifie-moi de mon péché.

Prière sur les offrandes

Priez, frères et sœurs : que mon sacrifice, qui est aussi le vôtre, soit agréable à Dieu le Père tout-puissant.

— Que le Seigneur reçoive de vos mains ce sacrifice à la louange et à la gloire de son nom, pour notre bien et celui de toute l'Église.

Ou bien :

Prions ensemble, au moment d'offrir le sacrifice de toute l'Église.

— Pour la gloire de Dieu et le salut du monde.

Prière eucharistique

Le Seigneur soit avec vous. ***— Et avec votre esprit.***

Élevons notre cœur. ***— Nous le tournons vers le Seigneur.***

Rendons grâce au Seigneur notre Dieu. ***— Cela est juste et bon.***

Préfaces

1re préface de Pâques

Le mystère pascal

Vraiment, il est juste et bon, pour ta gloire et notre salut, de te louer, Seigneur, en tout temps, mais plus encore de te glorifier en ces jours où le Christ, notre Pâque, a été immolé. Car il est l'Agneau véritable qui a enlevé les péchés du monde : en mourant, il a détruit notre mort ; en ressuscitant, il nous a rendu la vie. C'est pourquoi la joie pascale rayonne par tout l'univers, la terre entière exulte, les puissances d'en haut et les anges dans le ciel chantent sans fin l'hymne de ta gloire : ***Saint ! Saint ! Saint...***

2e préface de Pâques

La vie nouvelle dans le Christ

Vraiment, il est juste et bon, pour ta gloire et notre salut, de te louer, Seigneur, en tout temps, mais plus encore de te glorifier en ces jours où le Christ, notre Pâque, a été immolé. Grâce à lui se lèvent des enfants de lumière pour une vie éternelle, et les portes du royaume des Cieux s'ouvrent pour accueillir les croyants. Car sa mort nous affranchit de la mort et, dans sa résurrection, chacun de nous est déjà ressuscité. C'est pourquoi la joie pascale rayonne par tout l'univers, la terre entière exulte, les puissances d'en haut et les anges dans le ciel chantent sans fin l'hymne de ta gloire : ***Saint ! Saint ! Saint...***

3e préface de Pâques

Le Christ est vivant et intercède toujours pour nous

Vraiment, il est juste et bon, pour ta gloire et notre salut, de te louer, Seigneur, en tout temps, mais plus encore de te glorifier en ces jours où le Christ, notre Pâque, a été immolé. Il ne cesse pas de s'offrir pour nous, et demeure éternellement notre défenseur auprès de toi ; immolé, il a vaincu la mort ; mis à mort, il est vivant pour toujours. C'est pourquoi la joie pascale rayonne par tout l'univers, la terre entière exulte, les puissances d'en haut et les anges dans le ciel chantent sans fin l'hymne de ta gloire :
Saint ! Saint ! Saint...

4e préface de Pâques

La restauration de l'univers par le mystère pascal

Vraiment, il est juste et bon, pour ta gloire et notre salut, de te louer, Seigneur, en tout temps, mais plus encore de te glorifier en ces jours où le Christ, notre Pâque, a été immolé. Le monde ancien est détruit, la création déchue est renouvelée, et, dans le Christ, nous est rendue la vie en plénitude. C'est pourquoi la joie pascale rayonne par tout l'univers, la terre entière exulte, les puissances d'en haut et les anges dans le ciel chantent sans fin l'hymne de ta gloire :

Saint ! Saint ! Saint…

5e préface de Pâques

Le Christ, prêtre et victime

Vraiment, il est juste et bon, pour ta gloire et notre salut, de te louer, Seigneur, en tout temps, mais plus encore de te glorifier en ces jours où le Christ, notre Pâque, a été immolé. Par l'offrande de son corps, il mène à leur achèvement, dans la vérité de la croix, les sacrifices de l'ancienne Alliance, et quand il te remet son esprit pour notre salut, il est à lui seul le prêtre, l'autel et l'agneau du sacrifice. C'est pourquoi la joie pascale rayonne par tout l'univers, la terre entière exulte, les puissances d'en haut et les anges dans le ciel chantent sans fin l'hymne de ta gloire :

Saint ! Saint ! Saint…

1re préface de l'Ascension

Le mystère de l'Ascension

Vraiment, il est juste et bon, pour ta gloire et notre salut, de t'offrir notre action de grâce, toujours et en tout lieu, Seigneur, Père très saint, Dieu éternel et tout-puissant. Car le Seigneur Jésus, le Roi de gloire, vainqueur du péché et de la mort, s'élève aujourd'hui au plus haut des cieux devant les anges émerveillés, lui, le Médiateur entre Dieu et les hommes, Juge du monde et Seigneur de l'univers. Sans quitter notre condition humaine, le premier, il entre au ciel, tête de l'Église et commencement de tout ce qui existe, et il donne aux membres de son corps l'espérance de le rejoindre un jour. C'est pourquoi la joie pascale rayonne par tout l'univers, la terre entière exulte, les puissances d'en haut et les anges dans le ciel chantent sans fin l'hymne de ta gloire : ***Saint ! Saint ! Saint…***

2e préface de l'Ascension

Le mystère de l'Ascension

Vraiment, il est juste et bon, pour ta gloire et notre salut, de t'offrir notre action de grâce, toujours et en tout lieu, Seigneur, Père très saint, Dieu éternel et tout-puissant, par le Christ, notre Seigneur. Car il s'est manifesté après sa résurrection, en apparaissant à tous ses disciples, et, devant leurs yeux, il s'éleva au ciel pour nous rendre participants de sa divinité. C'est pourquoi la joie pascale rayonne par tout l'univers, la terre entière exulte, les puissances d'en haut et les anges dans le ciel chantent sans fin l'hymne de ta gloire :

Saint ! Saint ! Saint…

1re préface commune

Récapitulation de toutes choses dans le Christ

Vraiment, il est juste et bon, pour ta gloire et notre salut, de t'offrir notre action de grâce, toujours et en tout lieu, Seigneur, Père très saint, Dieu éternel et tout-puissant, par le Christ, notre Seigneur. En lui tu as voulu récapituler toutes choses, et tu nous as fait partager la vie qu'il possède en plénitude. Lui qui est de condition divine, il s'est anéanti pour donner au monde la paix par le sang de sa croix ; élevé au-dessus de toute créature, il est devenu pour tous ceux qui lui obéissent la cause du salut éternel. C'est pourquoi, avec les anges et les archanges, avec les puissances d'en haut et tous les esprits bienheureux, nous chantons l'hymne de ta gloire et sans fin nous proclamons :

Saint ! Saint ! Saint…

2e préface commune

Le salut par le Christ

Vraiment, il est juste et bon, pour ta gloire et notre salut, de t'offrir notre action de grâce, toujours et en tout lieu, Seigneur, Père très saint, Dieu éternel et tout-puissant. Dans ta bonté, tu as créé l'homme ; et, comme il avait mérité la condamnation, tu l'as racheté dans ta miséricorde, par le Christ, notre Seigneur. Par lui, les anges célèbrent ta grandeur, et les esprits bienheureux adorent ta gloire ; par lui s'inclinent devant toi les puissances d'en haut, et tressaillent d'une même allégresse les innombrables créatures des cieux. À leur hymne de louange, laisse-nous joindre nos voix pour chanter et proclamer : ***Saint ! Saint ! Saint...***

1re préface de la Vierge Marie

La maternité de la bienheureuse Vierge Marie

Vraiment, il est juste et bon, pour ta gloire et notre salut, de t'offrir notre action de grâce, toujours et en tout lieu, Seigneur, Père très saint, Dieu éternel et tout-puissant. En ce jour

- où nous célébrons la *(nommer la fête)* de la bienheureuse Vierge Marie : ...
- où nous célébrons la mémoire de la bienheureuse Vierge Marie : ...
- où nous honorons la bienheureuse Vierge Marie : ... nous voulons te chanter, te bénir et te glorifier. Car elle a conçu ton Fils unique lorsque le Saint-Esprit la couvrit de son ombre, et, gardant pour toujours la gloire de sa virginité, elle a donné au monde la lumière éternelle, Jésus, le Christ, notre Seigneur. Par lui, les anges célèbrent ta grandeur, et les esprits bienheureux adorent ta gloire ; par lui s'inclinent devant toi les puissances d'en haut et tressaillent d'une même allégresse les innombrables créatures des cieux. À leur hymne de louange, laisse-nous joindre nos voix pour chanter et proclamer :

Saint ! Saint ! Saint...

1re préface des Apôtres

Les Apôtres, pasteurs du peuple de Dieu

Vraiment, il est juste et bon, pour ta gloire et notre salut, de t'offrir notre action de grâce, toujours et en tout lieu, Seigneur, Père très saint, Dieu éternel et tout-puissant. Tu n'abandonnes pas ton troupeau, Pasteur éternel, mais tu le gardes par les bienheureux Apôtres sous ta constante protection, pour qu'il soit dirigé par ceux-là mêmes que tu as établis à sa tête comme pasteurs au nom de ton Fils. C'est pourquoi, avec les anges et les archanges, avec les puissances d'en haut et tous les esprits bienheureux, nous chantons l'hymne de ta gloire et sans fin nous proclamons :

Saint ! Saint ! Saint…

2e préface des saints martyrs

Les merveilles de Dieu dans la victoire des martyrs

Vraiment, il est juste et bon, pour ta gloire et notre salut, de t'offrir notre action de grâce, toujours et en tout lieu, Seigneur, Père très saint, Dieu éternel et tout-puissant. En louant tes saints martyrs, c'est toi que nous exaltons, et leur passion révèle l'œuvre admirable de ta puissance : tu leur donnes, en ta bonté, de croire avec ardeur, de persévérer sans faiblir et de vaincre dans le combat, par le Christ notre Seigneur. C'est pourquoi le ciel et la terre t'adorent ; ils te chantent le cantique nouveau, et nous-mêmes, unissant notre voix à celle des anges, nous t'acclamons : ***Saint ! Saint ! Saint…***

Préface des saints pasteurs

La présence des saints pasteurs dans l'Église

Vraiment, il est juste et bon, pour ta gloire et notre salut, de t'offrir notre action de grâce, toujours et en tout lieu, Seigneur, Père très saint, Dieu éternel et tout-puissant, par le Christ, notre Seigneur. Tu donnes à ton Église de se réjouir en la fête de saint

(des saints) N. : par l'exemple qu'il a (qu'ils ont) donné, tu nous encourages, par son (leur) enseignement, tu nous éclaires, à sa (leur) prière, tu veilles sur nous. C'est pourquoi, avec la multitude des anges et des saints, nous chantons l'hymne de ta gloire et sans fin nous proclamons :
Saint ! Saint ! Saint...

Préface des saintes vierges, et des saints religieux ou religieuses

Signification de la vie consacrée

Vraiment, il est juste et bon, pour ta gloire et notre salut, de t'offrir notre action de grâce, toujours et en tout lieu, Seigneur, Père très saint, Dieu éternel et tout-puissant. Nous célébrons les prévenances de ton amour pour tant d'hommes et de femmes parvenus à la sainteté en se donnant au Christ à cause du royaume des Cieux. Par ce mystère d'alliance, tu veux que notre condition humaine retrouve sa splendeur première, et que, dès ici-bas, nous ayons un avant-goût des biens que tu nous donneras dans le monde à venir. C'est pourquoi, avec les saints et tous les anges, nous te louons et sans fin nous proclamons : ***Saint ! Saint ! Saint...***

1re préface des saints

La gloire des saints

Vraiment, il est juste et bon, pour ta gloire et notre salut, de t'offrir notre action de grâce, toujours et en tout lieu, Seigneur, Père très saint, Dieu éternel et tout-puissant. Car tu es glorifié dans l'assemblée des saints : lorsque tu couronnes leurs mérites, tu couronnes tes propres dons. Dans leur vie, tu nous procures un modèle, dans la communion avec eux, une famille, et dans leur intercession, un appui ; afin que, soutenus par de si nombreux témoins, nous courions jusqu'au bout l'épreuve qui nous est proposée et recevions avec eux l'impérissable couronne de gloire, par le Christ, notre Seigneur. C'est pourquoi, avec les anges et les archanges, avec la foule immense des saints, nous chantons l'hymne de ta gloire et sans fin nous proclamons :

Saint! Saint! Saint,
le Seigneur, Dieu de l'univers!
Le ciel et la terre
sont remplis de ta gloire.
Hosanna au plus haut des cieux.
Béni soit celui qui vient
au nom du Seigneur.
Hosanna au plus haut des cieux.

Sanctus, Sanctus, Sanctus
Dominus Deus Sabaoth.
Pleni sunt cæli et terra gloria tua.
Hosanna in excelsis.
Benedictus qui venit in nomine Domini.
Hosanna in excelsis.

• *Prière eucharistique* **1**
« Toi, Père très aimant... » .... *p. 243*
• *Prière eucharistique* **2**
« Toi qui es vraiment saint... » .... *p. 247*
• *Prière eucharistique* **3**
« Tu es vraiment saint... » .... *p. 250*
• *Prière eucharistique* **4**
« Père très saint... » .... *p. 253*

Prière eucharistique nº 1

(Préfaces : p. 235)

Toi, Père très aimant, nous te prions et te supplions par Jésus Christ, ton Fils, notre Seigneur, d'accepter et de bénir + ces dons, ces offrandes, sacrifice pur et saint, que nous te présentons avant tout pour ta sainte Église catholique : accorde-lui la paix et protège-la, daigne la rassembler dans l'unité et la gouverner par toute la terre ; nous les présentons en union avec ton serviteur notre pape N., notre évêque N., et tous ceux qui gardent fidèlement la foi catholique reçue des Apôtres.

Souviens-toi, Seigneur, de tes serviteurs et de tes servantes (de N. et de N.), et de tous ceux qui sont ici réunis, dont tu connais la foi et l'attachement. Nous t'offrons pour eux, ou ils t'offrent pour eux-mêmes et tous les leurs ce sacrifice de louange, pour leur propre rédemption, pour la paix, et le salut qu'ils espèrent ; ils te rendent cet hommage, à toi, Dieu éternel, vivant et vrai.

(1) **En semaine :**

• Unis dans une même communion, vénérant d'abord la mémoire de la bienheureuse Marie toujours vierge, Mère de notre Dieu et Seigneur, Jésus Christ, •••

(2) **Le dimanche :**

• Unis dans une même communion, nous célébrons le jour où le Christ est ressuscité d'entre les morts ; et vénérant d'abord la mémoire de la bienheureuse Marie toujours vierge, Mère de notre Dieu et Seigneur, Jésus Christ, •••

(3) **Pour la Nativité de Jean Baptiste :**

• Unis dans une même communion, nous célébrons le jour de la naissance de saint Jean, le Précurseur, qui a préparé le chemin au Sauveur des hommes; et vénérant d'abord la mémoire de la bienheureuse Marie toujours vierge, Mère de notre Dieu et Seigneur, Jésus Christ, •••

••• et celle de saint Joseph, son époux, des bienheureux Apôtres et martyrs Pierre et Paul, André, [Jacques et Jean, Thomas, Jacques et Philippe, Barthélemy et Matthieu, Simon et Jude, Lin, Clet, Clément, Sixte, Corneille et Cyprien, Laurent, Chrysogone, Jean et Paul, Côme et Damien,] et de tous les saints, nous t'en supplions : accorde-nous, par leur prière et leurs mérites, d'être toujours et partout, forts de ton secours et de ta protection. [Par le Christ, notre Seigneur. Amen.]

Voici donc l'offrande que nous présentons devant toi, nous, tes serviteurs, et ta famille entière : Seigneur, dans ta bienveillance, accepte-la. Assure toi-même la paix de notre vie, arrache-nous à la damnation éternelle et veuille nous admettre au nombre de tes élus. [Par le Christ, notre Seigneur. Amen.]

Seigneur Dieu, nous t'en prions, daigne bénir et accueillir cette offrande, accepte-la pleinement, rends-la parfaite et digne de toi : qu'elle devienne pour nous le corps et le sang de ton Fils bien-aimé, Jésus, le Christ, notre Seigneur.

La veille de sa passion, il prit le pain dans ses mains très saintes et, les yeux levés au ciel, vers toi, Dieu, son Père tout-puissant, en te rendant grâce il dit la bénédiction, il rompit le pain, et le donna à ses disciples, en disant :
« **Prenez, et mangez-en tous** : ceci est mon corps livré pour vous. »
De même, après le repas, il prit cette coupe incomparable dans ses mains très saintes; et, te rendant grâce à

nouveau, il dit la bénédiction, et donna la coupe à ses disciples, en disant : « Prenez, et buvez-en tous, car ceci est la coupe de mon sang, le sang de l'Alliance nouvelle et éternelle, qui sera versé pour vous et pour la multitude en rémission des péchés. Vous ferez cela en mémoire de moi. »

(1) Il est grand, le mystère de la foi :
— Nous annonçons ta mort, Seigneur Jésus, nous proclamons ta résurrection, nous attendons ta venue dans la gloire.

(2) Acclamons le mystère de la foi :
— Quand nous mangeons ce pain et buvons à cette coupe, nous annonçons ta mort, Seigneur ressuscité, et nous attendons que tu viennes.

(3) Qu'il soit loué, le mystère de la foi :
— Sauveur du monde, sauve-nous ! Par ta croix et ta résurrection, tu nous as libérés.

ou: Proclamons le mystère de la foi :
— Gloire à toi qui étais mort, gloire à toi qui es vivant, notre Sauveur et notre Dieu : viens, Seigneur Jésus !

Mysterium fidei.
(1) – *Mortem tuam annuntiamus, Domine, et tuam resurrectionem confitemur, donec venias.*
(2) – *Quotiescumque manducamus panem hunc et calicem bibimus, mortem tuam annuntiamus, Domine, donec venias.*
(3) – *Salvator mundi, salva nos, qui per crucem et resurrectionem tuam liberasti nos.*

Voilà pourquoi nous, tes serviteurs, et ton peuple saint avec nous, faisant mémoire de la passion bienheureuse de ton Fils, Jésus, le Christ, notre Seigneur, de sa résurrection du séjour des morts et de sa glorieuse ascension dans le ciel, nous te présentons, Dieu de gloire et de

Prière eucharistique n° 1

majesté, cette offrande prélevée sur les biens que tu nous donnes, le sacrifice pur et saint, le sacrifice parfait, pain de la vie éternelle et coupe du salut. Et comme il t'a plu d'accueillir les présents de ton serviteur Abel le Juste, le sacrifice d'Abraham, notre père dans la foi, et celui que t'offrit Melkisédek, ton grand prêtre, oblation sainte et immaculée, regarde ces offrandes avec amour et, dans ta bienveillance, accepte-les. Nous t'en supplions, Dieu tout-puissant : qu'elles soient portées par les mains de ton saint Ange en présence de ta gloire, sur ton autel céleste, afin qu'en recevant ici, par notre communion à l'autel, le corps et le sang très saints de ton Fils, nous soyons comblés de la grâce et de toute bénédiction du ciel. [Par le Christ, notre Seigneur. Amen.]

Souviens-toi aussi, Seigneur, de tes serviteurs et de tes servantes (de N. et N.) qui nous ont précédés, marqués du signe de la foi, et qui dorment dans la paix. Pour eux et pour tous ceux qui reposent dans le Christ, nous implorons ta bonté, Seigneur : qu'ils demeurent dans la joie, la lumière et la paix. [Par le Christ, notre Seigneur. Amen.]

Et nous pécheurs, tes serviteurs, qui mettons notre espérance en ta miséricorde inépuisable, admets-nous dans la communauté des saints Apôtres et martyrs, avec Jean Baptiste, Étienne, Matthias et Barnabé, [Ignace, Alexandre, Marcellin et Pierre, Félicité et Perpétue, Agathe, Lucie, Agnès, Cécile, Anastasie,] et tous les saints ; nous t'en prions, accueille-nous dans leur compagnie, sans nous juger sur le mérite mais en accordant largement ton pardon. Par le Christ, notre Seigneur. Par lui, tu ne cesses de créer tous ces biens, tu les sanctifies, leur donnes la vie, les bénis, et nous en fais le don.

Par lui, avec lui et en lui, à toi, Dieu le Père tout-puissant, dans l'unité du Saint-Esprit, tout honneur et toute

Prière eucharistique nº 2

(On peut aussi choisir une autre préface.)

Vraiment, Père très saint, il est juste et bon, pour ta gloire et notre salut, de t'offrir notre action de grâce, toujours et en tout lieu, par ton Fils bien-aimé, Jésus, le Christ : il est ta parole par qui tu as créé toutes choses ; c'est lui que tu nous as envoyé comme Rédempteur et Sauveur, Dieu fait homme, conçu de l'Esprit Saint, né de la Vierge Marie. Pour accomplir jusqu'au bout ta volonté et rassembler un peuple saint qui t'appartienne, il étendit les mains à l'heure de sa passion, afin de briser la mort, et de manifester la résurrection. C'est pourquoi, avec les anges et tous les saints, nous chantons ta gloire, et d'une seule voix nous proclamons :

Saint ! Saint ! Saint, le Seigneur,

gloire, pour les siècles des siècles.
— Amen.

Vient ensuite le rite de la communion, *p. 257.*

Dieu de l'univers ! Le ciel et la terre
sont remplis de ta gloire.
Hosanna au plus haut des cieux.
Béni soit celui qui vient
au nom du Seigneur.
Hosanna au plus haut des cieux.

(Voir p. 242 pour la version latine.)

(1) **En semaine :**

• Toi qui es vraiment saint, toi qui es la source de toute sainteté, Seigneur, nous te prions : •••

(2) **Le dimanche :**

• Toi qui es vraiment saint, toi qui es la source de toute sainteté, Dieu notre Père, nous voici rassemblés devant toi, et, dans la communion de toute l'Église, nous célébrons le jour où le

Christ est ressuscité d'entre les morts. Par lui que tu as élevé à ta droite, nous te prions : •••

(3) **Pour la Nativité de Jean Baptiste :**
• Toi qui es vraiment saint, toi qui es la source de toute sainteté, Dieu notre Père, nous voici rassemblés devant toi et, dans la communion de toute l'Église, nous célébrons le jour de la naissance de saint Jean, le Précurseur, qui a préparé le chemin au Sauveur des hommes, le Christ Jésus, lui qui est venu après Jean, mais qui existait avant lui ; et maintenant, nous te prions : •••

••• Sanctifie ces offrandes en répandant sur elles ton Esprit ; qu'elles deviennent pour nous le corps et ✢ le sang de Jésus, le Christ, notre Seigneur.

Au moment d'être livré et d'entrer librement dans sa passion, il prit le pain, il rendit grâce, il le rompit et le donna à ses disciples, en disant : « **Prenez, et mangez-en tous** : ceci est mon corps livré pour vous. »
De même, après le repas, il prit la coupe ; de nouveau il rendit grâce, et la donna à ses disciples, en disant :
« **Prenez, et buvez-en tous**, car ceci est la coupe de mon sang, le sang de l'Alliance nouvelle et éternelle, qui sera versé pour vous et pour la multitude en rémission des péchés. Vous ferez cela en mémoire de moi. »

(1) Il est grand, le mystère de la foi :
— Nous annonçons ta mort, Seigneur Jésus, nous proclamons ta résurrection, nous attendons ta venue dans la gloire.

(2) Acclamons le mystère de la foi :
— Quand nous mangeons ce pain et buvons à cette coupe, nous annonçons

ta mort, Seigneur ressuscité,
et nous attendons que tu viennes.

(3) Qu'il soit loué, le mystère de la foi :
— Sauveur du monde, sauve-nous !
Par ta croix et ta résurrection,
tu nous as libérés.
ou
Proclamons le mystère de la foi :
— Gloire à toi qui étais mort, gloire à toi qui es vivant, notre Sauveur et notre Dieu : viens, Seigneur Jésus !
(Voir p. 245 pour la version latine.)

En faisant ainsi mémoire de la mort et de la résurrection de ton Fils, nous t'offrons, Seigneur, le pain de la vie et la coupe du salut, et nous te rendons grâce, car tu nous as estimés dignes de nous tenir devant toi pour te servir. Humblement, nous te demandons qu'en ayant part au corps et au sang du Christ, nous soyons rassemblés par l'Esprit Saint en un seul corps.

Souviens-toi, Seigneur, de ton Église répandue à travers le monde : fais-la grandir dans ta charité en union avec notre pape N., notre évêque N., et tous les évêques, les prêtres et les diacres.

Souviens-toi aussi de nos frères et sœurs qui se sont endormis dans l'espérance de la résurrection, et souviens-toi, dans ta miséricorde, de tous les défunts : accueille-les dans la lumière de ton visage.

Sur nous tous enfin, nous implorons ta bonté : permets qu'avec la Vierge Marie, la bienheureuse Mère de Dieu, avec saint Joseph, son époux, les Apôtres et tous les saints qui ont fait ta joie au long des âges, nous ayons part à la vie éternelle et que nous chantions ta louange et ta gloire, par ton Fils Jésus, le Christ.

Par lui, avec lui et en lui, à toi, Dieu le Père tout-puissant, dans l'unité du Saint-Esprit, tout honneur et toute gloire, pour les siècles des siècles.

— Amen.

Vient ensuite le rite de la communion, p. 257.

Prière eucharistique nº 3

(Préfaces : p. 235)

Tu es vraiment saint, Dieu de l'univers, et il est juste que toute la création proclame ta louange, car c'est toi qui donnes la vie, c'est toi qui sanctifies toutes choses, par ton Fils, Jésus Christ, notre Seigneur, avec la puissance de l'Esprit Saint ; et tu ne cesses de rassembler ton peuple, afin que, du levant au couchant du soleil, une offrande pure soit présentée à ton nom.

(1) **En semaine :**

• C'est pourquoi nous te supplions, Seigneur, de consacrer toi-même les offrandes que nous apportons : •••

(2) **Le dimanche :**

• C'est pourquoi nous voici rassemblés devant toi, Dieu notre Père, et, dans la communion de toute l'Église, nous célébrons le jour où le Christ est ressuscité d'entre les morts. Par lui, que tu as élevé à ta droite, nous te supplions de consacrer toi-même les offrandes que nous apportons : •••

(3) **Pour la Nativité de Jean Baptiste :**

• C'est pourquoi nous voici rassemblés devant toi, Dieu notre Père, et, dans la communion de toute l'Église, nous célébrons le jour de la naissance de saint Jean, le Précurseur, qui a préparé le chemin au Sauveur des hommes, le Christ Jésus, lui qui est venu après Jean, mais qui existait avant lui ; nous te supplions de consacrer toi-même les offrandes que nous apportons : •••

••• Sanctifie-les par ton Esprit pour qu'elles deviennent le corps + et le sang de ton Fils, Jésus Christ, notre Seigneur, qui nous a dit de célébrer ce mystère.

La nuit même où il fut livré, il prit le pain, en te rendant grâce il dit la bénédiction, il rompit le pain, et le donna à ses disciples, en disant :
« Prenez, et mangez-en tous : ceci est mon corps livré pour vous. »
De même, après le repas, il prit la coupe ; en te rendant grâce il dit la bénédiction, et donna la coupe à ses disciples, en disant :
« Prenez, et buvez-en tous, car ceci est la coupe de mon sang, le sang de l'Alliance nouvelle et éternelle, qui sera versé pour vous et pour la multitude en rémission des péchés. Vous ferez cela en mémoire de moi. »
(1) Il est grand, le mystère de la foi :
— Nous annonçons ta mort, Seigneur Jésus, nous proclamons ta résurrection, nous attendons ta venue dans la gloire.

(2) Acclamons le mystère de la foi :
— Quand nous mangeons ce pain et buvons à cette coupe, nous annonçons ta mort, Seigneur ressuscité,
et nous attendons que tu viennes.

(3) Qu'il soit loué, le mystère de la foi :
— Sauveur du monde, sauve-nous !
Par ta croix et ta résurrection,
tu nous as libérés.
Ou:
Proclamons le mystère de la foi :
— Gloire à toi qui étais mort,
gloire à toi qui es vivant,
notre Sauveur et notre Dieu :
viens, Seigneur Jésus !
(Voir p. 245 pour la version latine.)

En faisant ainsi mémoire de ton Fils, de sa passion qui nous sauve, de sa glorieuse résurrection et de son ascension dans le ciel, alors que nous attendons son dernier avènement, nous t'offrons, Seigneur, en action de grâce, ce sacrifice vivant et saint. Regarde, nous t'en prions, l'oblation de ton Église, et daigne y reconnaître ton Fils qui, selon ta volonté, s'est offert en sacrifice pour nous réconcilier avec toi. Quand nous serons nourris de son corps et de son sang, et remplis de l'Esprit Saint, accorde-nous d'être un seul corps et un seul esprit dans le Christ.

Que l'Esprit Saint fasse de nous une éternelle offrande à ta gloire, pour que nous obtenions un jour l'héritage promis, avec tes élus : en premier lieu la bienheureuse Vierge Marie, Mère de Dieu, avec saint Joseph, son époux, les bienheureux Apôtres, les glorieux martyrs, (saint N.) et tous les saints, qui ne cessent d'intercéder auprès de toi et nous assurent de ton secours.

Et maintenant nous te supplions, Seigneur : par le sacrifice qui nous réconcilie avec toi, étends au monde entier le salut et la paix. Affermis ton Église, en pèlerinage sur la terre, dans la foi et la charité, en union avec ton serviteur notre pape N., et notre évêque N., l'ensemble des évêques, les prêtres, les diacres, et tout le peuple que tu as racheté. Écoute, en ta bonté, les prières de ta famille, que tu as voulu rassembler devant toi. Dans ta miséricorde, ramène à toi, Père très aimant, tous tes enfants dispersés.

Pour nos frères et sœurs défunts, et pour tous ceux qui ont quitté ce monde et trouvent grâce devant toi, nous te prions : en ta bienveillance, accueille-les dans ton Royaume, où nous espérons être comblés de ta gloire, tous ensemble et pour l'éternité, par le Christ, notre Seigneur, par qui tu donnes au monde toute grâce et tout bien.

Par lui, avec lui et en lui, à toi, Dieu le Père tout-puissant, dans l'unité du Saint-Esprit, tout honneur et toute gloire, pour les siècles des siècles.

— Amen.

Vient ensuite le rite de la communion, p. 257.

Prière eucharistique nº 4

Vraiment, il est bon de te rendre grâce, il est juste et bon de te glorifier, Père très saint, car tu es le seul Dieu, le Dieu vivant et vrai : toi qui es avant tous les siècles, tu demeures éternellement, lumière au-delà de toute lumière. Toi, le Dieu de bonté, la source de la vie, tu as fait le monde pour que toute créature soit comblée de tes bénédictions, et que beaucoup se réjouissent de l'éclat de ta lumière. Ainsi, la foule innombrable des anges qui te servent jour et nuit se tiennent devant toi, et, contemplant la splendeur de ta face, n'interrompent jamais leur louange. Unis à leur hymne d'allégresse, avec la création tout entière qui t'acclame par nos voix, Dieu, nous te chantons (louons) :

Saint ! Saint ! Saint, le Seigneur,
Dieu de l'univers !
Le ciel et la terre
sont remplis de ta gloire.
Hosanna au plus haut des cieux.
Béni soit celui qui vient
au nom du Seigneur.
Hosanna au plus haut des cieux.

(Voir p. 242 pour la version latine.)

Père très saint, nous proclamons que tu es grand et que tu as fait toutes choses avec sagesse et par amour : tu as créé l'homme à ton image et tu lui as confié l'univers, afin qu'en te servant, toi seul, son Créateur, il règne sur la création. Comme il avait perdu ton amitié par sa désobéissance, tu ne l'as pas abandonné au pouvoir de la mort.

Prière eucharistique n° 4

Dans ta miséricorde, tu es venu en aide à tous les hommes pour qu'ils te cherchent et puissent te trouver. Tu as multiplié les alliances avec eux, et tu les as formés, par les prophètes, dans l'espérance du salut. Tu as tellement aimé le monde, Père très saint, que tu nous as envoyé ton Fils unique, lorsque les temps furent accomplis, pour qu'il soit notre Sauveur. Dieu fait homme, conçu de l'Esprit Saint, né de la Vierge Marie, il a vécu notre condition humaine en toute chose, excepté le péché, annonçant aux pauvres la bonne nouvelle du salut; aux captifs, la délivrance; aux affligés, la joie. Pour accomplir le dessein de ton amour, il s'est livré lui-même à la mort, et, par sa résurrection, il a détruit la mort et renouvelé la vie. Afin que désormais notre vie ne soit plus à nous-mêmes, mais à lui qui est mort et ressuscité pour nous, il a envoyé d'auprès de toi, Père, comme premier don fait aux croyants, l'Esprit Saint qui continue son œuvre dans le monde et achève toute sanctification.

Que ce même Esprit Saint, nous t'en prions, Seigneur, sanctifie ces offrandes : qu'elles deviennent ainsi le corps ✠ et le sang de notre Seigneur Jésus, le Christ, dans la célébration de ce grand mystère, que lui-même nous a laissé en signe de l'Alliance éternelle.

Quand l'heure fut venue où tu allais le glorifier, Père très saint, comme il avait aimé les siens qui étaient dans le monde, il les aima jusqu'au bout : pendant le repas qu'il partageait avec eux, il prit le pain, dit la bénédiction, le rompit et le donna à ses disciples, en disant :
« **Prenez, et mangez-en tous** : ceci est mon corps livré pour vous. »
De même, il prit la coupe remplie de vin, il rendit grâce, et la donna à

ses disciples, en disant : « **Prenez, et buvez-en tous**, car ceci est la coupe de mon sang, le sang de l'Alliance nouvelle et éternelle, qui sera versé pour vous et pour la multitude en rémission des péchés. Vous ferez cela en mémoire de moi. »

(1) Il est grand, le mystère de la foi :
— Nous annonçons ta mort, Seigneur Jésus, nous proclamons ta résurrection, nous attendons ta venue dans la gloire.

(2) Acclamons le mystère de la foi :
— Quand nous mangeons ce pain et buvons à cette coupe, nous annonçons ta mort, Seigneur ressuscité, et nous attendons que tu viennes.

(3) Qu'il soit loué, le mystère de la foi :
— Sauveur du monde, sauve-nous !
Par ta croix et ta résurrection,
tu nous as libérés.

ou :
Proclamons le mystère de la foi :
— Gloire à toi qui étais mort,
gloire à toi qui es vivant,
notre Sauveur et notre Dieu :
viens, Seigneur Jésus !
(Voir p. 245 pour la version latine.)

Voilà pourquoi, Seigneur, nous célébrons aujourd'hui le mémorial de notre rédemption : en rappelant la mort du Christ et sa descente au séjour des morts, en proclamant sa résurrection et son ascension à ta droite, en attendant sa venue dans la gloire, nous t'offrons son corps et son sang, le sacrifice qui est digne de toi et qui sauve le monde entier. Regarde, Seigneur, celui qui s'offre dans le sacrifice que toi-même as préparé pour ton Église, et, dans ta bonté, accorde à tous ceux qui vont partager ce pain et boire à cette coupe d'être rassemblés par l'Esprit Saint en un seul corps, pour qu'ils deviennent eux-mêmes dans le Christ une vivante offrande à la louange de ta gloire.

Et maintenant, Seigneur, rappelle-toi tous ceux pour qui nous offrons le sacrifice : en premier lieu, ton serviteur notre pape N., notre évêque N., et l'ensemble des évêques, les prêtres et les diacres, les fidèles qui présentent cette offrande, les membres de notre assemblée, le peuple entier qui t'appartient, et tous ceux qui te cherchent avec droiture.

Souviens-toi aussi de ceux qui sont morts dans la paix du Christ, et de tous les défunts dont toi seul connais la foi.

À nous qui sommes tes enfants, accorde, Père très bon, l'héritage de la vie éternelle auprès de la Vierge Marie, la bienheureuse Mère de Dieu, auprès de saint Joseph, son époux, des Apôtres et de tous les saints, dans ton Royaume. Nous pourrons alors, avec la création tout entière, enfin libérée de la corruption du péché et de la mort, te glorifier par le Christ, notre Seigneur, par qui tu donnes au monde toute grâce et tout bien.

Par lui, avec lui et en lui, à toi, Dieu le Père tout-puissant, dans l'unité du Saint-Esprit, tout honneur et toute gloire, pour les siècles des siècles.

—Amen.

Vient ensuite le rite de la communion, page ci-contre.

Notre Père

(1) Comme nous l'avons appris du Sauveur, et selon son commandement, nous osons dire :

(2) Unis dans le même Esprit, nous pouvons dire avec confiance la prière que nous avons reçue du Sauveur :

Notre Père qui es aux cieux, que ton nom soit sanctifié,
que ton règne vienne, que ta volonté soit faite sur la terre comme au ciel.
Donne-nous aujourd'hui notre pain de ce jour. Pardonne-nous nos offenses,
comme nous pardonnons aussi à ceux qui nous ont offensés.
Et ne nous laisse pas entrer en tentation, mais délivre-nous du Mal.

(3) *Præceptis salutaribus moniti, et divina institutione formati, audemus dicere : Pater noster, qui es in cœlis : sanctificetur nomen tuum ; adveniat regnum tuum ; fiat voluntas tua, sicut in cœlo, et in terra. Panem nostrum cotidianum da nobis hodie ; et dimitte nobis debita nostra, sicut et nos dimittimus debitoribus nostris ; et ne nos inducas in tentationem ; sed libera nos a malo.*

Délivre-nous de tout mal, Seigneur, et donne la paix à notre temps : soutenus par ta miséricorde, nous serons libérés de tout péché, à l'abri de toute épreuve, nous qui attendons que se réalise cette bienheureuse espérance : l'avènement de Jésus Christ, notre Sauveur.

— Car c'est à toi qu'appartiennent le règne,
la puissance et la gloire pour les siècles des siècles !

Échange de la paix

Seigneur Jésus Christ, tu as dit à tes Apôtres : « Je vous laisse la paix, je vous donne ma paix » ; ne regarde pas nos péchés mais la foi de ton Église ; pour que ta volonté s'accomplisse, donne-lui toujours cette paix, et conduis-la vers l'unité parfaite, toi qui vis et règnes pour les siècles des siècles. **– *Amen.***

Que la paix du Seigneur soit toujours avec vous. **– *Et avec votre esprit.***

Dans la charité du Christ, donnez-vous la paix.

Fraction du pain

Que le corps et le sang de notre Seigneur Jésus Christ, réunis dans cette coupe, nourrissent en nous la vie éternelle.

Agneau de Dieu

Agneau de Dieu, qui enlèves les péchés du monde, prends pitié de nous. *(bis)*
Agneau de Dieu, qui enlèves les péchés du monde, donne-nous la paix.

Agnus Dei, qui tollis peccata mundi, miserere nobis. (bis)
Agnus Dei, qui tollis peccata mundi, dona nobis pacem.

Communion

(1) Seigneur Jésus Christ, Fils du Dieu vivant, selon la volonté du Père et avec la puissance du Saint-Esprit, tu as donné, par ta mort, la vie au monde ; que ton corps et ton sang très saints me délivrent de mes péchés et de tout mal ; fais que je demeure fidèle à tes commandements et que jamais je ne sois séparé de toi.

(2) Seigneur Jésus Christ, que cette communion à ton corps et à ton sang n'entraîne pour moi ni jugement ni condamnation ; mais que, par ta bonté, elle soutienne mon esprit et mon corps et me donne la guérison.

Voici l'Agneau de Dieu, voici celui qui enlève les péchés du monde.
Heureux les invités au repas des noces de l'Agneau !
— Seigneur, je ne suis pas digne de te recevoir ;
mais dis seulement une parole, et je serai guéri.

Chant de communion *ou antienne de la communion.*

Prière après la communion *voir à la date du jour.*

RITE DE CONCLUSION

Le Seigneur soit avec vous.
— Et avec votre esprit.
Que Dieu tout-puissant vous bénisse, le Père, et le Fils, + et le Saint-Esprit.
— Amen.

Puis le diacre, ou le prêtre lui-même, les mains jointes, tourné vers l'assemblée, dit :
(1) Allez, dans la paix du Christ.
(2) Allez porter l'Évangile du Seigneur.
(3) Allez en paix, glorifiez le Seigneur par votre vie.
(4) Allez en paix.
— Nous rendons grâce à Dieu.

Chants pour la célébration

Les chants en rouge sont consultables à la page indiquée. **Les chants en noir** sont référencés avec leur cote SECLI.

	Ouverture	Renvoi	Communion / Action de grâce	Renvoi
1er juin	Au cœur de ce monde	A238-1	Nous formons un même Corps	p. 266
	Rassemblés dans ta maison de lumière	A63-74-2	Viens, Esprit de Sainteté, viens, Esprit de Lumière	KY231
	Souffle de paix sur notre terre	p. 262	Pour l'unité de tes disciples	K57-65
8 juin	Envoie ton Esprit, Seigneur	KX41-93	Devenez ce que vous recevez	D68-39
	Esprit de Pentecôte, souffle de Dieu	K138	Béni soit Dieu pour le don de son Esprit	p. 267
	Souffle imprévisible	p. 261	Laissez-vous mener par l'Esprit	K524
15 juin	Hymne à la Trinité sainte	p. 264	Que soit parfaite notre unité	p. 270
	Psaume 150 – Par la musique et par nos voix	Y43-38	Voici le pain que donne Dieu	D50-07-2
	Je mets mon espoir dans le Seigneur	M55-97	Voici le Corps et le Sang du Seigneur	D44-80
22 juin	Partageons le pain du Seigneur	p. 265	Nous t'avons reconnu, Seigneur	D59-24
	Dieu nous accueille en sa maison	A174	Partageons	p. 268
	Pain de Dieu, pain rompu	D284	Pange Lingua	EDIT15-59
29 juin	Pierre et Paul, Apôtres du Seigneur	EDIT16-83	Pain des merveilles	p. 270
	Allez par toute la Terre	T600	Je vous ai choisis	DEV44-63
	Acclamez le Seigneur !	p. 265	Vous serez vraiment grands	DEV525

Suggestions pour juin 2025 proposées par Thibault Van Den Driessche, avec ChantonsenÉglise

Souffle imprévisible *(Ouverture / Envoi)*

K28-44 ; T. : C. Bernard ; M. : J. Akepsimas ; Studio SM.

① **Souffle imprévisible, Esprit de Dieu, vent qui fait revivre, Esprit de Dieu, souffle de tempête, Esprit de Dieu, ouvre nos fenêtres, Esprit de Dieu !**

Refrain : **Esprit de vérité, brise du Seigneur,**
Esprit de liberté, passe dans nos cœurs ! *(bis)*

② **Flamme sur le monde, Esprit de Dieu, feu qui chasse l'ombre, Esprit de Dieu, flamme de lumière, Esprit de Dieu, viens dans nos ténèbres, Esprit de Dieu !**

③ **Fleuve des eaux vives, Esprit de Dieu, chant de l'autre rive, Esprit de Dieu, fleuve au long voyage, Esprit de Dieu, porte-nous au large, Esprit de Dieu !**

④ **Voix qui nous rassemble, Esprit de Dieu, cri d'une espérance, Esprit de Dieu, voix qui nous réveille, Esprit de Dieu, clame la nouvelle, Esprit de Dieu !**

⑤ **Source de sagesse, Esprit de Dieu, puits de la tendresse, Esprit de Dieu, source pour ton peuple, Esprit de Dieu, coule en nos demeures, Esprit de Dieu !**

⑥ **Paix de la colombe, Esprit de Dieu, ciel dans nos rencontres, Esprit de Dieu, paix qui nous libère, Esprit de Dieu, change notre terre, Esprit de Dieu !**

⑦ **Joie donnée aux hommes, Esprit de Dieu, fête du Royaume, Esprit de Dieu, joie de l'Évangile, Esprit de Dieu, fais de nous des signes, Esprit de Dieu !**

⑧ **Vent de Pentecôte, Esprit de Dieu, force des Apôtres, Esprit de Dieu, vent que rien n'arrête, Esprit de Dieu, parle en tes prophètes, Esprit de Dieu !**

Souffle de paix sur notre terre (Ouverture)

T. : C. Bernard ; M. : L. Grzybowski ; Studio SM.

REFRAIN ♩ = 130

Souf-fle de paix_ sur no-tre ter - re, Es-prit du Dieu vi-vant !_

Souf-fle de feu_ dans nos té-nè - bres, Es - prit du Dieu vi-vant !_

COUPLETS

1. Ou - vre nos cœurs_ à Jé - sus Christ,_ qu'il soit pré-sent__ dans
2. Ou - vre nos yeux_ sur l'a - ve - nir,__ elle est vi - van - te
3. Viens nous ap - pren - dre le par - don__ a - vec ta bri - se
4. Ou - vre nos mains_ aux af - fa - més,__ que no - tre pain__ leur
5. Por - te nos pas__ vers l'in-con - nu__ qui ne sait rien__ de
6. Toi qui de-meures au plus se - cret,__ qui donc en-tend__ ta
7. Garde en é - veil__ le peu d'a-mour__ qui brûle en - co - re

1. nos mé-moi - res. Sa vie n'est pas_ qu'un sou - ve - nir,_
2. la Pro-mes - se ! Le grand bon-heur_ que Dieu nous dit_
3. de ten-dres - se ! Au-près de toi,_ nous con-naî-trons_
4. don-ne for - ce ! Tout homme a soif_ de li - ber - té,_
5. ta Nou-vel - le ! Voi - ci pour nous_ le temps ve - nu_
6. voix dis-crè - te ? Sur u - ne terre_ où Dieu se tait,_
7. sous la cen - dre. Dans no - tre mar - che vers le Jour,_

1. ses ges-tes peu - plent notre his-toi - re :
2. dé - jà prend corps_ dans nos fai-bles - ses :
3. la joie d'ai-mer_ com - me Dieu mê - me :
4. c'est une eau vive_ en ton Roy-au - me :
5. de dire au mon - de tes mer-veil - les :
6. tu nous choi-sis_ pour tes pro-phè - tes :
7. tu fais chan-ter_ notre es - pé-ran - ce :

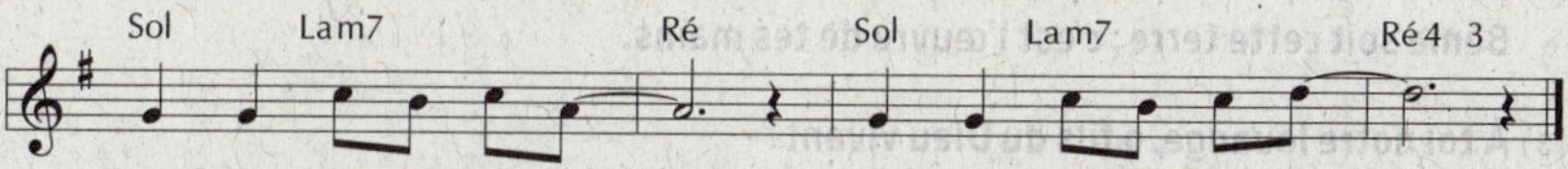

1. à 7. nous en som-mes té-moins,_ nous en som-mes té-moins._

Hymne à la Trinité sainte (Ouverture)

MY230/L230 ; T. : J.-P. Lécot ; M. : J.-P. Lécot/J. Mohr (XIXe s.) ; Éd. Lethielleux.

② **Béni sois-tu, ô Père, de qui nous vient tout bien !**
Bénie soit cette terre : c'est l'œuvre de tes mains.

③ **À toi notre louange, ô fils du Dieu vivant !**
Loué soit l'Évangile, Parole du salut !

Partageons le pain du Seigneur *(Ouverture)*

D39-31 ; T. : J. Hameline ; M. : J. Berthier / Populaire ; Bayard.

Refrain : **Partageons le pain du Seigneur à la table de l'univers.**
C'est le don sans retour de l'amour de notre Dieu.

① **Venez à moi, vous tous qui succombez sous la fatigue,**
c'est moi qui porterai le poids de votre peine.

② **Venez à moi, vous tous qui gémissez sous l'injustice,**
c'est moi qui suis pour vous la loi libératrice.

③ **Venez à moi, vous tous qui trébuchez dans les ténèbres,**
sur vous s'élèvera l'éclat de ma lumière.

Acclamez le Seigneur ! *(Ouverture)*

Y69-72 ; T. : d'après le message de saint Jean-Paul II ; M. : J.-B. du Jonchay ; Le Carmel.

Refrain : **Acclamez le Seigneur, vous qui marchez sur ses pas,**
c'est lui votre Roi ! Ouvrez tout grand vos cœurs,
portez en lui votre croix, c'est lui votre vie, secret de votre joie !

① **Jésus, Sauveur de tous les hommes, Jésus, Fils bien-aimé du Père.**
C'est lui qui nous a tant aimés. Venez à lui, vous trouverez la paix !

② **Le Christ veut combler notre cœur, donner la vie en plénitude,**
lui seul pourra nous rassasier. Accueillez-le, recevez son amour !

③ **Marchez sur le chemin de vie, chemin de foi et de confiance,**
chemin de joie, de pauvreté, chemin d'amour et de miséricorde.

Nous formons un même Corps (Communion)

C105 ; T. et M. : J.-P. Lecot ; Éd. Lethielleux.

① **Je suis le pain vivant descendu du ciel.**
Qui mange de ce pain vivra pour toujours,
et ce pain que je vous donne, c'est ma chair
livrée pour la vie du monde.

② **La nuit où il fut livré, le Seigneur prit du pain.**
Il rendit grâce et le rompit en disant :
Ceci est mon corps livré pour vous.
Faites ceci en mémoire de moi.

Béni soit Dieu pour le don de son Esprit *(Action de grâce)*

K35-79; T. : C. Bernard; M. : J.-P. Kempf; ADF-Musique.

Refrain : **Béni soit Dieu pour le don de son Esprit,**
Souffle de force et de lumière,
Souffle d'amour qui nous libère !

① « Le désir de l'Esprit, c'est la vie et la paix »,
la vie nouvelle en Jésus Christ,
la foi donnée au Dieu fidèle.
En recevant le pain de vie,
réveillons en nous la voix de l'Esprit !

② « Le désir de l'Esprit, c'est la vie et la paix »,
la paix plus forte que la nuit,
l'amour qui chasse toute crainte.
En recevant le pain de vie,
réveillons en nous la voix de l'Esprit !

③ « Le désir de l'Esprit, c'est la vie et la paix »,
la joie d'aller porter du fruit
dans la douceur et la patience.
En recevant le pain de vie,
réveillons en nous la voix de l'Esprit !

Partageons (Communion)

D22-82 ; T. et M. : C. Tassin ; Bayard Liturgie.

REFRAIN

Par - ta - geons, les mots qui li - bè - rent, par - ta -

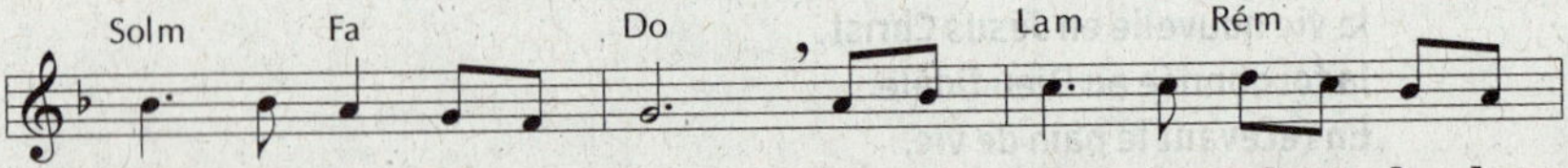

geons le pain de l'es - poir. Par - ta - geons, le sel et la lu -

miè - re et nos vies au - ront un goût de joie.

COUPLETS

1. Pour que tout homme entre un jour dans la fê - te.
2. Pour que s'é - loi - gne le froid des mé - fian - ces.
3. Pour que l'a - mour soit le vin sur nos ta - bles.
4. Pour que la terre ait sa - veur de jus - ti - ce.

1. Pour que tout âge ait sa part de bon - heur.
2. Pour que se lève un grand vent de dou - ceur.
3. Pour qu'on y boive un par - don tou - jours frais.
4. Pour que le mon - de s'é - clai - re de paix.

1. Que la por - te de nos cœurs soit ou - ver - te !
2. Que la soif dans l'a - mi - tié nous ras - sem - ble !
3. Que la soif des re - nou - veaux nous tra - vail - le !
4. Que ja - mais no - tre com - bat ne fai - blis - se !

1. Que la por - te de nos cœurs soit ou - ver - te !
2. Que la soif dans l'a - mi - tié nous ras - sem - ble !
3. Que la soif des re - nou - veaux nous tra - vail - le !
4. Que ja - mais no - tre com - bat ne fai - blis - se !

Que soit parfaite notre unité (Action de grâce)

D341-1 ; T. : D. Rimaud ; M. : J. Berthier ; CNPL/Studio SM.

Refrain : **Que soit parfaite notre unité, que soit parfaite notre joie !**
Ainsi le monde connaîtra les œuvres de Dieu. *(bis)*

① **Comme le Père m'a envoyé, à mon tour je vous envoie.**
Je vous envoie dans le monde comme des brebis au milieu des loups.

② **Comme le Père qui est vivant m'a envoyé, et comme je vis par le Père,**
celui qui me mangera vivra, lui aussi, par moi !

③ **Le serviteur est comme le Maître, l'envoyé, comme celui qui l'envoie :**
on m'a persécuté, vous serez persécutés ;
on a méprisé ma parole, on méprisera la vôtre.

Pain des merveilles (Communion)

D203 ; T. : M. Scouarnec ; M. : J. Akepsimas ; Studio SM.

Refrain : **Voici le pain, voici le vin, pour le repas et pour la route.**
Voici ton corps, voici ton sang,
entre nos mains, voici ta vie qui renaît de nos cendres.

① **Pain des merveilles de notre Dieu, pain du Royaume, table de Dieu.**

② **Vin pour les noces de l'homme-Dieu, vin de la fête, Pâque de Dieu.**

③ **Force plus forte que notre mort, vie éternelle en notre corps.**

④ **Source d'eau vive pour notre soif, pain qui ravive tous nos espoirs.**

⑤ **Porte qui s'ouvre sur nos prisons, mains qui se tendent pour le pardon.**

CHANTS POUR L'ORDINAIRE

MESSE DE SAINT THOMAS

Kyrie

T. : AELF ; M. : Communauté de l'Emmanuel (A. Dumont) ; Éd. de l'Emmanuel.

Sanctus

T. : AELF ; M. : Communauté de l'Emmanuel (A. Dumont) ; Éd. de l'Emmanuel.

Anamnèse

T. : AELF ; M. : Communauté de l'Emmanuel (A. Dumont) ; Éd. de l'Emmanuel.

Agneau de Dieu

T. : AELF ; M. : Communauté de l'Emmanuel (A. Dumont) ; Éd. de l'Emmanuel.

LES RENDEZ-VOUS DE JUIN 2025

SOMMAIRE

Chemin d'étoiles
Jacques Nieuviarts
p. 276

Il y a 1700 ans : le Credo
Emmanuelle Billoteau
p. 281

Les seconds rôles dans la Bible
Anne Lécu
p. 278

Jubilé de l'espérance 2025
Sylvaine Lacout
p. 284

Témoignage de lecteur .... *p. 286*
Question du mois .... *p. 288*
Église du monde .... *p. 290*
Reportage .... *p. 292*
Messes TV radio .... *p. 297*
Culture .... *p. 298*
Agenda .... *p. 301*

ÉDITORIAL

Une foi nourrie

Nous sommes en plein anniversaire des 1700 ans du concile de Nicée. Ce premier concile œcuménique de l'histoire creuse les fondations de ce qu'est devenu notre Credo, le symbole de la foi de l'Église.
Avec Emmanuelle Billoteau, plongeons-nous dans l'œuvre de saint Irénée de Lyon et mesurons combien la formulation de la foi s'affine avec la conscience que l'humanité a d'elle-même. Comprenons bien cette mise en garde du grand théologien : « Ce n'est pas toi qui fais Dieu, mais Dieu qui te fait. » Et profitons de cet anniversaire pour nous rendre attentifs à ce que Dieu fait de nous, aujourd'hui.
À ce propos, nous sommes allés à Villeneuve-d'Ascq, très précisément, où les musiciens du groupe Logos témoignent de la joie missionnaire de la foi en préparant leur concert pour la fête de la musique. Ils se produisent pour la deuxième fois sous le porche de la cathédrale de Lille, mettant en appétit tous les passants pour les inviter à la prière. Faire du beau, chercher ceux qui ne connaissent pas le Christ, ouvrir l'Église, voici ce que Dieu inspire à la foi de cette bande de musiciens. ■

Karem Bustica
Rédactrice en chef de Prions en Église

« Faire du beau, chercher ceux qui ne connaissent pas le Christ, ouvrir l'Église, voici ce que Dieu inspire à la foi. »

CHEMIN D'ÉTOILES

Jacques Nieuviarts, prêtre assomptionniste

Cataclysme sidéral !

Les textes dits apocalyptiques des Ancien et Nouveau Testaments sont difficiles à comprendre pour nous aujourd'hui. Ils jouent sur les codes des croyants de l'époque pour apporter une espérance.

La Bible ne craint pas les images fortes pour dire l'action de Dieu et sa présence dans l'histoire. Si elles sont au présent, est-ce celui du lecteur ? Les réalités de Dieu ne se laissent peut-être approcher que par l'expérience, ou dans les textes, par la métaphore. « Les étoiles du ciel et ses constellations ne brilleront plus de leur lumière, affirme Isaïe ; le soleil, dès son lever, s'obscurcira et la lune ne donnera plus sa clarté » (Is 13, 10) ; Ézékiel : « J'obscurcirai les étoiles » (Ez 32, 7). De même le prophète Joël : « Devant lui, la terre tremble, le ciel est ébranlé ; le soleil et la lune se sont obscurcis et les étoiles ont retiré leur clarté » (Jl 2, 10 ; encore en 4, 15 !). Si nous comprenons de telles images, les textes dits apocalyptiques sont plus difficiles à interpréter. Daniel fut l'un des premiers à pratiquer ce genre. Tandis qu'il était « en train de réfléchir, dit-il, voici qu'un bouc arriva de l'occident, survolant toute la terre sans toucher le sol. Il avait une corne imposante entre les yeux. Le bouc ne cessait de croître. » Sa corne se brisa. Une toute petite apparut et « grandit jusqu'à l'armée du ciel, elle terrassa une partie de cette armée et des étoiles, elle les piétina » (Dn 8, 5.10). Difficile de comprendre de telles visions. Elles font jouer des codes parlants pour les croyants de leur époque à qui elles apportaient, en langage voilé ou crypté, l'espérance que leur foi serait plus forte que la violence des tyrans qui les écrasaient. Jésus et les évangélistes connurent et pratiquèrent ce genre apocalyptique, qui culmine pour nous dans le livre de l'Apocalypse. Ainsi, quand l'ange ouvre le sixième sceau, « il y eut un grand tremblement de terre [...] et les étoiles du ciel tombèrent sur la terre comme lorsqu'un figuier secoué par grand vent jette ses fruits » (Ap 6, 12.13). Quand le troisième ange sonna de la trompette, « du ciel tomba une grande étoile qui flambait comme une torche » (Ap 8, 10). Le cinquième ange sonna de la trompette, « et j'ai vu une étoile qui était tombée du ciel sur la terre : c'est à elle que fut donnée la clé du puits de l'abîme » (Ap 9, 1). Quant au fameux dragon de l'Apocalypse, « sa queue, entraînant le tiers des étoiles du ciel, les précipita sur la terre » (Ap 12, 4). Des images fortes pour des temps difficiles. ■

« Il y eut un grand tremblement de terre [...] et les étoiles du ciel tombèrent sur la terre. » (Ap 6, 12.13)

LES SECONDS RÔLES DANS LA BIBLE

Anne Lécu, dominicaine

Un inconnu dans la foule

La voix d'un inconnu relève l'aveugle Bartimée alors qu'il appelle Jésus. N'est-ce pas là l'attitude de tous les disciples du Christ : relever ceux qui sont à terre ?

Alors que Jésus et ses disciples sortent de Jéricho, un aveugle, Bartimée, l'interpelle : « Fils de David, Jésus, prends pitié de moi ! » (Mc 10, 47). Beaucoup le rabrouent, mais pour autant, il ne se décourage pas et de plus belle il reprend : « Fils de David, Jésus, prends pitié de moi ! » (Mc 10, 48).

Son cri arrête Jésus qui le fait appeler. Et de cette saynète bien connue ne nous parvient qu'une voix parmi la foule, quelqu'un qui ne rabroue pas l'aveugle, mais qui a entendu la parole de Jésus – « Appelez-le » – et la met en pratique. Cette voix s'adresse directement à l'homme aveugle et commence par l'encourager : « Confiance ! »

À ce moment-là du texte, si nous y prenons garde, nous sommes comme l'aveugle : nous ne voyons pas nos interlocuteurs. Cet homme ou cette femme inconnue n'est pour lui qu'une voix. Une voix aussi puissante qu'une main qui le guiderait, puisqu'alors il bondit. Au son de cette voix en effet, l'homme se dresse dans la bonne direction, jette son manteau, comme il jetterait sa plainte et son ancienne vie derrière lui, et court vers Jésus.

La personne à qui appartient cette voix fait moins de bruit que la foule qui rabrouait l'aveugle, pourtant l'inconnu se fait distinctement entendre de lui. Sa voix est claire. La phrase concise. Le peu de mots suffit : « Confiance, lève-toi; il t'appelle. » Cette voix sans visage pourra être reconnue par l'homme mille ans plus tard, entre toutes, car elle est singulière. Anonyme peut-être, mais elle est la voix de quelqu'un. Une personne qui a entendu la plainte de l'aveugle et reconnu son urgence. ...

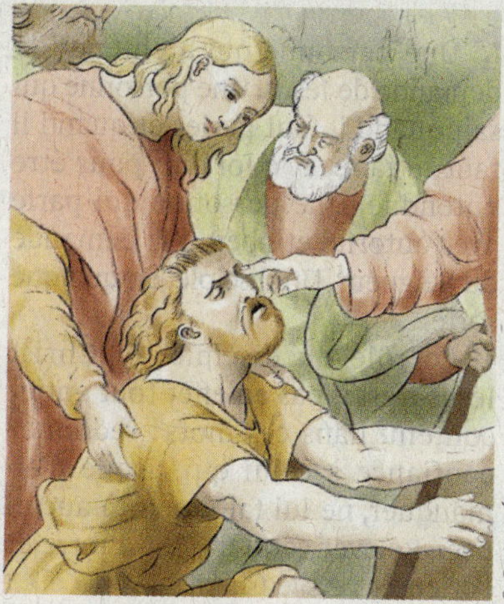

Première Alliance

« Cette nuit-là, Dieu apparut à Salomon et lui dit : "Demande ce que je dois te donner". »

2 Chroniques 1, 7

... Une personne qui a entendu la demande de Jésus. Une personne qui sait quand il faut parler et quand il faut se taire, et quoi dire pour être entendue. Une personne qui parle avec autorité et obéit à la demande du Seigneur. Un disciple, en quelque sorte.

Le rôle du disciple du Christ Jésus n'est-il pas en effet tout entier contenu dans ces mots : redonner confiance à celui qui risque d'en manquer, ne lui faire peur à aucun prix. Relever celui qui est à terre et l'orienter vers le Christ ?

Ainsi préparé, l'aveugle peut entendre cette surprenante question de Jésus qui le cueille au fond de sa plainte : « Que veux-tu que je fasse pour toi ? » « Que je voie ! », répond-il. Le texte n'en finit pas de nous surprendre : la voix de l'inconnu invitait l'homme à la confiance. Et cette confiance qu'il a offerte au Christ en l'appelant et en se levant aux mots de l'inconnu suffit à ce que Jésus reconnaisse en lui un homme de foi. Rien de tout cela n'aurait été possible sans la voix de l'inconnu. Soyons cet inconnu pour d'autres. ■

Nouvelle Alliance

« Jésus s'arrête et dit : "Appelez-le." On appelle donc l'aveugle, et on lui dit : "Confiance, lève-toi ; il t'appelle." »

Marc 10, 49

IL Y A 1700 ANS : LE CREDO

Emmanuelle Billoteau, ermite

L'œuvre d'Irénée de Lyon

La « règle de foi » de saint Irénée de Lyon (IIe siècle) a marqué une étape importante dans l'élaboration du Credo. La richesse théologique et pastorale de l'œuvre de ce Père de l'Église nous fait découvrir le lien entre la foi confessée et la compréhension que nous pouvons avoir de nous-mêmes et de notre destinée.

L'œuvre d'Irénée – *La prédication des apôtres et ses preuves* (DDB) ; *Contre les hérésies* (Cerf) – est profondément ancrée dans l'Écriture où Dieu se révèle et nous révèle à nous-mêmes. Elle reflète également les problématiques et les remises en question de son époque. D'où l'insistance d'Irénée sur la continuité entre l'Ancien et le Nouveau Testament, la réalité de l'Incarnation, la cohérence de l'histoire du salut.

Sa théologie et son anthropologie sont optimistes et, en ce sens, particulièrement stimulantes. Pour lui, il ne s'agit pas de pénétrer le mystère de la vie de Dieu en lui-même, mais de contempler son amour tel qu'il se déploie dans l'histoire humaine : depuis la création, en passant par l'Incarnation, jusqu'à la •••

…divinisation de l'homme et à la vision à laquelle ce dernier peut accéder. L'unicité de Dieu, son caractère insaisissable sont clairement affirmés : « Dieu le Père, incréé, insaisissable, Dieu unique, créateur de tout. » Irénée compare ce Dieu créateur à un artiste ayant modelé l'homme avec ses deux mains : le Fils et l'Esprit. S'il existe un rapport de dépendance de l'homme créé par rapport à Dieu, ce rapport est traversé par le projet de divinisation, de participation à la vie divine proposé à l'homme.

Le Christ, Dieu et homme

Quand, dans sa règle de foi, Irénée parle du Fils, du Verbe, il rappelle que celui-ci est à l'œuvre depuis le début, avant même l'Incarnation : « Par lui tout a été fait. À la fin des temps, pour récapituler et contenir toutes choses, il s'est fait homme, né des hommes, il s'est rendu visible et palpable, afin de détruire la mort et de manifester la vie et rétablir l'union entre Dieu et l'homme. » Le Christ, Dieu et homme, n'est pas seulement quelqu'un d'exceptionnel, une source d'inspiration. Il est venu sauver l'humanité, incapable de se libérer par elle-même de l'emprise du péché et de la mort. Irénée met en évidence l'importance de l'union de la nature divine et de la nature humaine dans le Christ : « Car il fallait que le "Médiateur de Dieu et des hommes", par sa parenté avec chacune des deux parties, les ramenât l'une et l'autre à l'amitié et à la concorde. » Et de poursuivre : « Comment aurions-nous reçu cette communion avec Dieu, si son Verbe n'était pas entré en communion avec nous en se faisant chair ? » *(Contre les hérésies* III, 18). Communion, filiation adoptive, accès à l'immortalité, tel est l'avenir ouvert à chacun de nous par l'Incarnation du Verbe : « Telle est la raison pour laquelle le Verbe s'est fait homme, et le Fils de Dieu, Fils de l'homme : c'est pour que l'homme, en se mélangeant au Verbe et en recevant ainsi la filiation adoptive, devienne fils de Dieu. Nous ne pouvions en effet avoir part à l'incorruptibilité et à l'immortalité que si nous étions unis à l'incorruptibilité et à l'immortalité » *(Contre les hérésies* III, 19). Autant dire que le Christ a remodelé l'homme abîmé et voué à la mort par le péché.

« Si donc tu es l'ouvrage de Dieu, attends patiemment la main de l'artiste qui fait toutes choses en temps opportun. »

Un chemin progressif

Quant à l'Esprit Saint, c'est lui qui permet à l'homme de collaborer à sa propre transformation – Irénée insiste beaucoup sur notre liberté –, jusqu'à ce qu'il arrive à la vision de Dieu, source d'une « joie inexprimable ». Le chemin est progressif et Irénée donne ce conseil toujours actuel : « Il te faut garder ton rang d'homme et ensuite seulement recevoir en partage la gloire de Dieu. Ce n'est pas toi qui fais Dieu mais Dieu qui te fait. Si donc tu es l'ouvrage de Dieu, attends patiemment la main de l'artiste qui fait toutes choses en temps opportun » *(Contre les hérésies* IV, 9); sachant que « la gloire de Dieu, c'est l'homme vivant, et la vie de l'homme, c'est la vision de Dieu » *(Contre les hérésies* IV). Un propos qui peut nourrir notre espérance ! ■

Sylvaine Lacout, théologienne,
laïque consacrée de la communauté des Béatitudes

Un temps pour la terre et pour le frère

Le livre du Lévitique définit le jubilé comme un temps de respiration et de repos pour la terre et un temps de fraternité.

Au chapitre 25 du Lévitique, le jubilé se définit comme un temps d'affranchissement ou de libération des terres et des personnes : « Ce sera un jubilé pour vous et vous retournerez chacun vers sa propriété et chacun vers sa famille, vous retournerez » (cf. Lv 25, 10b). Cette loi repose sur le principe que la terre ne peut être vendue car elle appartient à Dieu, mais aussi que l'Israélite ne peut être un esclave car lui aussi appartient à Dieu. Deux versets l'énoncent clairement : « La terre ne sera pas vendue de façon définitive car elle est à moi, la terre, car vous êtes des immigrés résidents vis-à-vis de moi. […] Car les enfants d'Israël sont pour moi des serviteurs, ils sont mes serviteurs ceux que j'ai fait sortir d'Égypte ; je suis le Seigneur votre Dieu » (cf. Lv 25, 23.55).

La terre est un don de Dieu, le frère est aussi un don de Dieu. L'homme est responsable de la terre, il est appelé à la cultiver mais aussi à lui donner des temps de respiration, de repos. Il doit veiller aussi à sa juste répartition afin que chacun puisse bénéficier de ce don de Dieu : « Si ton frère a des dettes et doit vendre une part de sa propriété, celui qui a droit de rachat, c'est-à-dire son plus proche parent, viendra racheter ce que son frère a vendu » (cf. Lv 25, 25). L'homme est aussi responsable de son frère, ce que Caïn n'a pas compris. Le jubilé se définit par une éthique sociale centrée sur le souci du frère, en lui permettant de redevenir un fils de Dieu, en le déchargeant de ce qui fait de lui un esclave. Pour cela, le plus proche parent est appelé à racheter son frère devenu esclave, à racheter sa terre pour qu'il ait un lieu pour vivre, à lui remettre ses dettes, et à ne pas lui prêter à intérêt : « Si ton frère a des dettes et s'avère défaillant à ton égard, tu le soutiendras, qu'il soit un émigré ou un hôte, afin qu'il puisse survivre à tes côtés. Ne retire de lui ni intérêt ni profit » (cf. Lv 25, 35-36). La tradition juive parle du jubilé comme un temps de « *tikkoun olam* », c'est-à-dire de reconstruction du monde. Derrière la figure du plus proche parent qui rachète son frère, lui redonne une terre, nous pouvons reconnaître le Christ lui-même qui est notre plus proche parent qui par sa mort et sa résurrection nous rachète du péché, nous libère de toute forme d'esclavage et nous donne le Royaume en héritage. ■

Derrière la figure du plus proche parent qui rachète son frère, lui redonne une terre, nous pouvons reconnaître le Christ lui-même.

Propos recueillis par **Anne-Quitterie Jozeau**, journaliste

Ouvrir sa maison à la rencontre

Guy et Fabienne Ballet, la cinquantaine, prient avec les pèlerins du chemin d'Assise qui s'arrêtent chez eux. Parents de quatre enfants et grands-parents de six petits-enfants, ils vivent à Meximieux (01).

« Nous vivons sur l'itinéraire du chemin d'Assise. Rien n'est dû au hasard : le chemin, c'est notre ADN. Nous sommes souvent sur les routes de Saint-Jacques-de-Compostelle ou d'Assise. Nous avons parcouru les chemins de Saint-Jacques plusieurs fois, en 2013, 2014, 2016 puis 2018. En revanche, on n'a pas encore fini Assise. Nous avons reçu tellement de grâces sur nos chemins de pèlerinage que nous nous sommes demandé comment nous pouvions, à notre tour, donner. Depuis cinq ans, nous avons ouvert notre maison comme gîte d'accueil pour recevoir les pèlerins qui partent de Vézelay et rejoignent la ville de saint François. Ainsi, d'avril à octobre, nous recevons 40 à 50 marcheurs. Ils viennent dîner, prendre une douche et dormir chez nous. Nous retrouvons la joie de la rencontre, authentique et simple. Les pèlerins nous apprennent énormément sur le plan humain et spirituel. Ce sont des

© Sandrine Martin

personnes uniques, si différentes les unes des autres. En fait, nous voyons Dieu dans ces rencontres. Puisqu'ils sont nombreux à avoir une spiritualité, nous proposons à nos hôtes d'une nuit de prier ensemble. Le matin, avant leur départ, Guy se met à la guitare et nous chantons. Puis, nous lisons de temps en temps l'évangile du jour dans notre *Prions en Église*, et récitons ensemble le Notre Père. C'est une prière courte, toute simple, mais c'est un très beau moment que nous partageons avec ceux que nous avons accueillis un soir. Nous avons prévu de finir le chemin d'Assise cet été. Il nous reste 300 kilomètres. Lorsque nous marchons, nous sommes émerveillés par la Création. Nous avons sous nos yeux de quoi rendre grâce et dire merci au Seigneur. Sur le chemin, nous nous dépouillons, nous redécouvrons la simplicité. Cela fait aussi du bien de se retrouver à deux ! Et, toujours, nous continuons de rencontrer l'autre et l'humanité. » ■

QUESTION DU MOIS

D'où vient la fête du Sacré-Cœur ?

Le cœur désigne, dans la Bible, le « dedans » de l'homme. Il est endurci envers Dieu quand il se ferme à l'Alliance. Mais le Créateur veut donner aux hommes un « cœur nouveau » (Ez 36, 26), un cœur de chair au lieu d'un cœur de pierre, un cœur ouvert à l'Alliance nouvelle en Jésus. Du cœur du Christ coulent « des fleuves d'eau vive » (Jn 7, 38), de son côté percé sortent « le sang et l'eau » (Jn 19, 34).

Aimé des Pères des premiers siècles, le Sacré-Cœur de Jésus devient objet de dévotion au Moyen Âge. Saints et mystiques (saint Bernard, saint Bonaventure, sainte Catherine de Sienne) y voient le foyer de la miséricorde. Et c'est surtout comme antidote au jansénisme que s'impose la dévotion, au XVIIe siècle : saint François de Sales, saint Jean Eudes ont encouragé le culte liturgique du Sacré-Cœur ; de même, les révélations à sainte Marguerite-Marie Alacoque (1675, Paray-le-Monial), et saint John Henry Newman au XIXe siècle. La fête du Sacré-Cœur s'est progressivement mise en place, jusqu'à s'étendre à toute l'Église romaine (Pie IX, 1856). Fixée au vendredi suivant la fête du Saint-Sacrement, elle rappelle que l'image du Sacré-Cœur n'est « en aucun cas objet d'adoration » mais qu'elle « représente le centre, la source d'où a jailli le salut de l'humanité tout entière » (François, *Dilexit nos* § 52). ■

Michèle Clavier,
théologienne

EN MARCHE VERS COMPOSTELLE !

Le « Camino francés » de Bayonne à Saint-Jacques-de-Compostelle

Le « Camino francés » est le plus célèbre des chemins espagnols vers Compostelle. Le patrimoine qui jalonne cette route témoigne de son passé prestigieux. Il laisse un souvenir impérissable à tous ceux qui l'ont parcouru. Un itinéraire par autocar en plusieurs étapes vous est proposé, avec des marches quotidiennes, des visites et des célébrations pour s'unir par la prière à tant de pèlerins qui ont fait ce chemin au fil des siècles. Accompagné par François Dominique Forquin, dominicain. Accessible à toute personne en bonne forme physique, avec un programme pour les non-marcheurs.

PRATIQUE **Du 15 au 22 septembre 2025.** Une sélection **"Prions en Église"**, organisée par Bipel.
Renseignements et inscriptions : 01 45 55 47 52 ou courriel : bipel.pelerinages@bipel.com

Géraldine Proux, volontaire DCC* et directrice d'un centre d'accueil pour enfants des rues en République du Congo

La foi qui donne des ailes

« Pendant mon volontariat, ma foi a été plus que bousculée à différents égards. Elle a été mise à l'épreuve car j'ai malheureusement vu un visage de l'Église assez sombre et peu enclin à agir en faveur de l'intérêt général et des plus faibles. Cela a été douloureux et source de nombreux questionnements intérieurs : "Seigneur, comment peux-tu accepter cela ?" Mais ma foi a également été nourrie par celle, si belle, des enfants des rues que j'accompagnais et des professionnels que je côtoyais. Dans ce pays pauvre où l'avenir semble bouché, à défaut d'avoir confiance en ceux qui pourraient les aider, les personnes que j'ai rencontrées plaçaient toute leur confiance et leur espérance en Jésus. Est-ce une forme de fatalisme ? Je ne sais pas. Mais j'ai vu combien la foi en Dieu leur donne des ailes et une capacité à accepter leur vie sans plainte et dans une forme de vraie joie. De retour en France, cette foi si pure et presque "naïve" doit être pour moi une source d'inspiration pour voir Dieu en toute chose et rendre grâce pour tous les bienfaits dont nous avons la chance d'être comblés ! » ■

*La Délégation catholique pour la coopération (DCC) est le service du volontariat de l'Église en France.

DCC / G. Proux

Les enfants partagent le repas de midi au foyer où ils peuvent être ensemble, à défaut d'être en famille (République du Congo).

REPORTAGE

Anne-Quitterie Jozeau, journaliste

Le groupe Logos : transmission et partage

Le groupe de musique Logos se produit le 21 juin sur la place de la Treille, sous le porche de la cathédrale de Lille (59), lors de la fête de la musique. « Prions en Église » s'est rendu dans les coulisses de leur première répétition pour cet événement.

« Seigneur, on te confie cette répétition. Qu'elle soit priante, joyeuse et efficace », prie Raphaëlle Mellot, debout face au piano et au micro, dans le garage insonorisé de son confrère Fabien Scamps. Autour d'elle, quatre membres du groupe Logos accordent leur instrument : Sébastien Parent son conjoint, la guitare électrique, Thierry Camus, la basse, Fabien Scamps, la guitare acoustique et le père Enguerrand de Kerhor, le violoncelle. Un seul manque à l'appel : Thomas, le jeune batteur.

Le groupe de louange Logos, créé il y a deux ans, regroupe six membres, basés à Villeneuve-d'Ascq (59). Âgés de 30 à 58 ans, ils se sont rencontrés lors d'évènements musicaux, diocésains ou paroissiaux. À l'origine de leur association : le duo Sébastien et Raphaëlle qui avait à cœur de « mieux faire et de faire davantage ».

◀ **Raphaëlle et Sébastien au premier plan. Derrière eux, de gauche à droite : Enguerrand, Thomas, Thierry et Fabien.**

Photos : DR

Pour la deuxième fois, ils sont appelés à « enflammer les foules » sur le porche de la cathédrale de Lille, le soir de la fête de la musique, avant de les inviter à rentrer prier.

« On va commencer par des chants profanes, histoire que tout le monde puisse les chanter avec nous », annonce Raphaëlle, la seule femme du groupe, qui le dirige comme sur scène avec naturel. « Si la place est bondée de jeunes comme il y a deux ans, quel chant avons-nous envie de chanter et de propager ? », demande-t-elle aux autres musiciens. Le groupe tranche : Balavoine, Les Frangines ou encore Trois cafés gourmands au début du concert, suivis de chants religieux, avant de reprendre le répertoire grand public pour attirer le flux permanent de passants.

Chacun se plonge dans les partitions envoyées par Raphaëlle. Fabien, au pull violet, gratte sa guitare, •••

... les pieds ancrés dans le sol, sans bouger. En face de lui, Sébastien les yeux mi-clos, danse au son de sa guitare électrique et chante sans micro, regardant avec attention Raphaëlle. Enguerrand, prêtre de la communauté de l'Emmanuel, son violoncelle devant lui, suit consciencieusement ce qu'il lit sur sa tablette : il prend des cours de violoncelle proposés par la mairie depuis quatre ans. Cet aumônier du lycée Saint-Adrien, s'amuse d'être « élève parmi ses élèves ». Thierry, plus réservé, joue en tapotant du pied droit, un sourire discret aux lèvres.

Ces musiciens, tous engagés en paroisse, ont soif de « faire du beau pour Dieu et pour les autres », résume Enguerrand entre deux chants. « Nous, chrétiens, avons quelque chose à dire de la joie et de la célébration. Le public a envie de célébrer et nous souhaitons décloisonner l'Église pour l'ouvrir au monde. D'où notre groupe de musique », ajoute Sébastien, passionné par l'idée de transmission et de partage.

La répétition pour la fête de la musique se poursuit avec le chant *J'aimerais ô mon Dieu* proposé par le père Enguerrand. La joyeuse bande enthousiaste s'en empare tout de suite avec rigueur. Les musiciens jouent aussi les compositions personnelles de Raphaëlle – *Au nom du Père, Jésus notre essentiel* – et *Un seul Dieu,* du groupe Exo, au rythme de musiques bretonnes pour entraîner le public à danser en cercle sur la place.

Raphaëlle confie d'un ton déterminé : « Nous voulons faire corps avec l'assemblée et aller chercher notre prochain qui ne connaît pas le Christ : telle est notre mission, que nous menons par notre charisme de musiciens. » ■

Informations communiquées sous réserve de modifications. Renseignez-vous avant de vous rendre aux endroits indiqués.

LE JOUR DU SEIGNEUR – FRANCE 2 (11 heures)

1er/6 *Informations non confirmées.*

8/6 Collégiale Notre-Dame, Melun (77).
Prédicateur : Fr. Camille de Belloy, dominicain.

15/6 Église Saints-Martin-et-Adèle à Orp-le-Grand (Belgique).
Prédicateur : P. Pierre Hannosset.

22/6 Sanctuaire Sainte-Bernadette-Soubirous, Nevers (58).
Prédicateur : Fr. Yves Combeau, dominicain.

29/6 Église Immaculée-Conception, Boulogne-Billancourt (92).
Prédicateur : Fr. Franck Dubois, dominicain.

FRANCE CULTURE (10 h 05)

1er/6 Chapelle Notre-Dame de la Médaille miraculeuse, Paris (VIIe).
Prédicateur : P. Emmanuel Coquet.

8/6 Église Saint-Pierre-Saint-Paul, Vic-sur-Aisne (02).
Prédicateur : P. Jean-Alexis Aguma Asima.

15/6 Chapelle Notre-Dame de la Médaille miraculeuse, Paris (VIIe).
Prédicateur : Fr. Benoît Vandeputte, dominicain.

22/6 Chapelle Notre-Dame de la Médaille miraculeuse, Paris (VIIe).
Prédicateur : Fr. Charles Ruetsch, dominicain.

29/6 Chapelle Notre-Dame de la Médaille miraculeuse, Paris (VIIe).
Prédicateur : Fr. Gabriel Nissim, dominicain.

PLAYLIST

Une playlist de chants à l'Esprit Saint

Et si, à l'occasion de la Pentecôte le 8 juin, vous entonniez des prières à l'Esprit Saint ? Dominique Pierre a sélectionné 15 chants à la troisième personne de la Trinité. « J'ai créé cette playlist en essayant de visualiser l'effet sur les gens qui ne connaissent pas forcément les œuvres choisies, afin de les emmener d'un endroit à un autre », explique le responsable éditorial de Bayard Musique et rédacteur en chef délégué de *Prions en Église.* Ce choix éclectique, composé de chants tantôt méditatifs, tantôt laudatifs, nous aide à mieux comprendre et à prier l'« Esprit de Dieu vivant », comme on le chante dans *Esprit de lumière, Esprit créateur*. L'Esprit Saint est appelé « Esprit de vérité » et « Esprit de liberté » dans le titre *Souffle imprévisible*. ■

Anne-Quitterie Jozeau

15 chants à l'Esprit Saint, une playlist à écouter sur l'application *Prions en Église.*

CD

Mystères
Bach – Biber
Salomé Gasselin
Mirare

Les grandes œuvres musicales s'apparentent au mystère : elles se révèlent progressivement à ceux qui les fréquentent. Avec beaucoup de grâce et de spiritualité, Salomé Gasselin (viole de gambe) et ses amis nous partagent la lumière qu'ils ont perçue chez Bach et Biber. Ressourçant !

Le chemin

Julie Zenatti
Bayard Musique

Un nouvel album de Julie Zenatti, révélée par la comédie musicale Notre-Dame de Paris. Ses mots font penser au centurion ou à la Cananéenne des évangiles qui, tout en se pensant indignes, se tournent vers Jésus : « Pourtant païenne dans une église [...] je me sens accueillie et comprise... » ■

Dominique Pierre

EXPOSITION

La broderie des Ursulines. Chef-d'œuvre du Grand Siècle

Antependium, (détail)
Ursulines d'Amiens, vers 1660.
Broderie de fils de laine, fils de soie, fils métalliques, perles, pierres fines, verroterie.

Le musée de Picardie expose un trésor du patrimoine amiénois encore méconnu : le grand antependium brodé par les Ursulines de la ville vers 1660. Conçue pour orner l'autel de l'église du couvent des religieuses, cette pièce brodée entretien un lien très fort avec le contexte historique et spirituel dans lequel elle a été confectionnée par les sœurs. Documents d'archive et œuvres du Grand Siècle illustrent ce temps de renouveau et de dynamisme des couvents du XVIIe siècle français. ■

Hélène Roquejoffre, *Le Monde de La Bible*

Jusqu'au 6 juillet 2025 – Musée de Picardie, 2, rue Puvis de Chavannes 80000 Amiens – www.amiens.fr

LIVRES

Prier avec le Sacré-Cœur de Jésus

Mame, 50 p.

Dans le cadre du jubilé des 350 ans des apparitions du Christ à sainte Marguerite-Marie Alacoque, les éditions Mame publient un recueil de prières adressées au Sacré-Cœur. Préfacé par l'actuel recteur du sanctuaire de Paray-le-Monial, le livret est composé de prières de sainte Thérèse de l'Enfant-Jésus, Edith Stein, sainte Faustine ou du pape François, témoignant de l'amour du Christ pour chacun d'eux et pour nous.

La folle espérance

de Paul Préaux et Tiphaine Neron Bancel, Cerf, 200 p.

Le prêtre et la philosophe : deux auteurs qui, avec ce livre, redonnent envie de croire et de vivre l'espérance ! Avec, au cœur, un chapitre sur la femme, prophètesse de l'espérance. Cet ouvrage accessible adresse à la fin de chaque chapitre des questions au lecteur sur son rapport personnel à l'espérance, et l'invite à agir concrètement. Les auteurs incitent à développer notre attitude de chrétien, celle de « veilleur », en tenue de service.

La confirmation

Nathanaël Pujos, Cerf, 150 p.

Nathanaël Pujos, prêtre de la communauté des Béatitudes, redonne ses titres de noblesse au sacrement de la confirmation, aussi bien pour ceux qui s'y préparent que pour ceux qui sont déjà confirmés. De manière pédagogue et fluide, l'auteur explique que « la confirmation ouvre à une vie chrétienne authentique et engagée ». Tout au long de l'ouvrage, le prêtre nous fait redécouvrir l'Esprit Saint et sa mission dans la vie de chacun. ■

A.-Q. Jozeau

Informations communiquées sous réserve de modifications.

Grand Nord-Ouest

LISIEUX (14)

DU VENDREDI 6 AU DIMANCHE 8

Pèlerinage

Pèlerinage annuel de Relais lumière espérance à Lisieux, sous le regard de la famille Martin. Avec visites du sanctuaire, enseignements, ateliers et temps de prière.
07 68 08 43 21
relaislumiereesperance@gmail.com
www.relaislumiereesperance.fr

BREST (29)

DIMANCHE 8

Journée diocésaine

Le diocèse de Quimper et Léon se rassemble au parc des expositions de Penfeld à Brest, pour une journée de fête, de partage et de prière sur le thème de l'année jubilaire « Pèlerins d'espérance ».
www.pentecote2025.fr

Grand Nord-Est

LILLE (59)

SAMEDI 31 MAI ET DIMANCHE 1ER JUIN

Forum

« Partir vers ce qui arrive », forum international et pastoral sur Madeleine Delbrêl à l'occasion du centenaire de sa conversion. Le forum commence le 29 mai à Ivry-sur-Seine et se poursuit le 31 mai à la maison Paul VI à Lille, avec des temps de prière, des conférences, des célébrations, des concerts, des visites…
madeleine-delbrel.net

SAINT-MARTIN-DU-LAC (71)

SAMEDI 31 MAI ET DIMANCHE 1ER

Séminaire

« Tenir quand tout s'écroule – L'abandon selon Maître Eckhart », avec Rémy Valléjo, dominicain, et spécialiste des mystiques rhénans, au béguinage de Saint-Martin-du-Lac.
06 66 73 08 96
beguinage.71110@gmail.com

AVENAY-VAL-D'OR (51)

LUNDI 9

Pèlerinage diocésain

« La Terre sainte chez nous – Marchons dans la vigne du Seigneur », journée de pèlerinage du diocèse de Reims et des Ardennes. Au programme : marche…

... le matin, pique-nique tiré du sac, puis temps diocésain avec différentes propositions pour tous les âges et messe d'envoi.
03 26 47 05 33
accueil@catholique-reims.fr
catholique-reims.fr

Grand Sud-Ouest

AUSSON (31)

DIMANCHE 8

Rassemblement

Journée diocésaine au Parc des expositions de Toulouse-Métropole, où 15 000 personnes sont attendues pour le dimanche de Pentecôte. Au cours d'une grande célébration eucharistique, 800 personnes recevront le sacrement de confirmation.
toulouse.catholique.fr

CAMPUZAN (65)

SAMEDI 21

Festival

Festival culturel multi-époques, organisé par la paroisse et l'association de l'église de Campuzan avec une procession populaire et une messe solennelle, des reconstitutions historiques…
06 13 30 85 41 (Jean-Louis Ibanez)

Grand Sud-Est

POMEYS (69)

DU DIMANCHE 29 JUIN AU SAMEDI 5 JUILLET

Retraite spirituelle

« Pour un bon usage de la vie », retraite en silence à maison d'accueil mariste La Neylière, avec Faustino Ferrari, religieux mariste. Chaque journée est rythmée par la prière de l'Église, une messe et deux présentations pour soutenir la prière personnelle.
04 78 48 40 33
accueil@neyliere.fr

GRENOBLE (38)

DU LUNDI AU SAMEDI

Démarche jubilaire

Comment vivre la démarche jubilaire à la cathédrale Notre-Dame ? Le diocèse de Grenoble propose de nombreuses ressources en ligne. Les messes de semaine ont lieu à 18 h 30 ; le samedi, il y a des confessions de 9 h 30 à 11 h 30 et une messe à midi. Sur réservation pour les groupes.
04 38 38 00 38
www.diocese-grenoble-vienne.fr

Île-de-France

NEUILLY-SUR-SEINE (92)

LUNDI 2

Célébration

Messe à 19 heures à l'église Saint-Jean-Baptiste, présidée par Mgr Matthieu Rougé, pour la clôture de la phase diocésaine de la cause de béatification du père Ange le Proust, fondateur des Sœurs hospitalières de Saint Thomas de Villeneuve.

01 47 47 42 20

www.congregation-stv.org

SAINT-GERVAIS (95)

DU VENDREDI 6 AU LUNDI 9

Retraite de Pentecôte

« Garde du cœur **...**

ZOOM

LE 7 JUIN, LE DIOCÈSE DE BEAUVAIS FÊTE LE JUBILÉ

Depuis janvier 2025, le diocèse de Beauvais est engagé dans une démarche jubilaire placée sous le signe de l'espérance et de l'Esprit Saint, qui trouvera son point d'orgue lors d'un temps fort le 7 juin à Compiègne (60). Pour préparer ce rassemblement, les vingt-sept paroisses proposent un parcours à l'Esprit Saint choisi parmi douze propositions diocésaines. Cette formation, ouverte à un large public, s'accompagne de la réalisation d'une grande flamme décorée par les plus jeunes. Toutes les flammes seront réunies le 7 juin pour former un « buisson ardent », symbole de la diversité et de l'unité du diocèse. « Trois mille personnes sont attendues, explique Pascal Petitjean, du comité de pilotage, chacune fait son programme de la journée : marche en forêt, scène des talents artistiques, concert, ateliers, activités pour enfants et jeunes, témoignages, repas partagé et veillée sur le thème de l'envoi en mission. » Le lendemain, une centaine d'adultes sera confirmée en l'église Notre-Dame-de-la-Source, à Compiègne. ■

Geneviève Pasquier

… et discernement chez Évagre le Pontique et Jean Cassien (IVe et Ve siècles), des maîtres spirituels qui ont su élaborer le meilleur de l'enseignement oral des pères du Désert », avec sœur Emmanuelle Billoteau, bien connue des lecteurs de *Prions en Église,* au Centre Assise.
01 34 67 00 39
contact@centre-assise.org
www.centre-assise.org

JOUARRE (77)

LUNDI 9

Pèlerinage

Pèlerinage des saintes reliques des fondateurs de l'abbaye bénédictine de Jouarre avec procession, célébration eucharistique dans les jardins de l'abbaye sous la présidence de Mgr Jean-Yves Nahmias, ateliers et vêpres.
06 23 94 53 36 (Claire)
pentecote@e86.eu
www.abbayejouarre.org

Rome

JUBILÉ

Samedi 7 et dimanche 8 : jubilé des mouvements, des associations et des communautés nouvelles

Lundi 9 :
jubilé du Saint-Siège

Samedi 14 et dimanche 15 :
jubilé du sport

Du vendredi 20 au dimanche 22 :
jubilé des pouvoirs publics

Lundi 23 et mardi 24 : jubilé des séminaristes

Mercredi 25 : jubilé des évêques

Du mercredi 25 au vendredi 27 : jubilé des prêtres

ENVOYEZ VOS RENDEZ-VOUS À L'AGENDA DE PRIONS EN ÉGLISE

Merci d'envoyer les informations nécessaires 3 mois avant l'événement, sans engagement de publication par la rédaction, à : *Prions en Église,* Agenda, 15 boulevard Gabriel Péri, CS 10042 92245 Malakoff Cedex, ou par e-mail : *prionseneglise@groupebayard.com*

Prions en Église 15, boulevard Gabriel Péri CS 10042
www.prionseneglise.fr 92245 Malakoff Cedex

▶ **POUR CONTACTER LE SERVICE CLIENT : 01 74 31 15 01** – service.client@groupebayard.com
(Préciser : nom + adresse postale + « concerne Prions en Église ».)

▶ **POUR VOUS ABONNER : 01 74 31 15 01** – www.librairie-bayard.com
Bayard, Prions en Église, TSA 60007, 59714 Lille Cedex 9

▶ **POUR CONTACTER LA RÉDACTION :** prionseneglise@groupebayard.com

Directeur de la publication : François Morinière. Directrice déléguée : Emmanuelle Delapierre. Rédaction : Karem Bustica (rédactrice en chef), Dominique Pierre (rédacteur en chef délégué), Pomme Mignon (rédactrice en chef adjointe visuel, directrice artistique), Frédéric Pascal (rédacteur en chef adjoint), Armelle Gabriel (assistante), Nicolas Crouzier (secrétaire général de la rédaction), Jean-Baptiste Deau, Cécile Toussaint (1ers secrétaires de rédaction), Laurent Sangpo, Pascal Redoutey (rédacteurs graphistes), Ania Biszewska (rédactrice photo), Sébastien Antoni (chef de grande rubrique), Anne-Quitterie Jozeau, Geneviève Pasquier (rédactrices). A participé : Thibault Van Den Driessche. Marketing éditeur et développement : Amandine Boivin. Marketing diffusion et abonnement : Aurore Bertrand (directrice), Sandrine Dos Santos (chef de marché). Directeur des terrains catholiques : Cédric Bloquet. Voyages lecteurs : Corinne Miguel. Contrôle de gestion : Marie-Albane de Vallée. Fabrication : Grégory Cervantes. Impression : Maury SAS, Z.I. Route d'Étampes, 45330 Malesherbes. Textes liturgiques : © AELF. Chants : © Éditeurs. © Bayard et Novalis. Reproduction interdite sans autorisation. *Prions en Église* est édité par Bayard, société anonyme à Directoire et Conseil de Surveillance au capital de 16 500 000 €. Actionnaires : Augustins de l'Assomption (93,7 % du capital), SA Saint-Loup, Association Notre-Dame de Salut. Directoire : François Morinière (président et directeur de la publication), Dominique Greiner (directeur général). Président du Conseil de Surveillance : Hubert Chicou. Dépot légal à parution. CPPAP : 0425K86471 - ISSN : 0383-8285. Belgique et Luxembourg : Bayard Presse Bénélux, Da Vincilaan, 1 – 1930 Zaventem. Tél. : 0800 250 38 (de Belgique, gratuit) ou 800 29 195 (du Luxembourg). Web marché chrétien : librairie-bayard.com. Suisse : Asendia Press Edigroup SA, Chemin du Château-Bloch 10, 1219 Le Lignon. Tél. : 00 41 22 860 84 02. Mail : abobayard@edigroup.ch

Ce numéro comporte :
Sur la totalité de la diffusion : *encart posé "Prions en Église Junior" offre d'abonnement ; encart posé "Prions en Église Agenda universitaire 2025-2026" ; encart jeté "Bayard" offre d'abonnement "Prions en Église".*
Sur une partie de la diffusion : *encart posé "La Croix L'Hebdo" abonnement ; relance posée "Bayard" offre d'abonnement.*

PEFC
10-31-1282
Certifié PEFC
Ce produit est issu de forêts gérées durablement et de sources contrôlées.
pefc-france.org

IMPRIM'VERT

***Prions en Église* agit pour l'environnement**
Origine du papier : France. Taux de fibres recyclées : 100 %. Origine des fibres : papier issu de forêts gérées durablement.
Impact sur l'eau : PTOT 0,003 kg/T

FR

Bulletin d'abonnement

GRELHS0131

EN CADEAU

OUI, je m'abonne à *Prions en Église*

Je recevrai le hors-série *Si la messe m'était contée...*

ÉDITION	POCHE (13 x 11,9 cm) PRI	GRAND FORMAT (16 x 14,6 cm) PRI	
PRÉLÈVEMENT MENSUEL Uniquement par internet	4,90 €/mois	5,75 €/mois	+ un accès à tous les contenus du site et de l'application
PAIEMENT COMPTANT	1 an (12 n^os) ☐ 59 €	1 an (12 n^os) ☐ 69 €	
	2 ans (24 n^os) ☐ 105 €	2 ans (24 n^os) ☐ 115 €	
	Étudiant 1 an ☐ 29,95 €*		

PAR COURRIER Renvoyez ce bulletin accompagné de votre chèque payable en France libellé à l'ordre de « Bayard » à l'adresse suivante : **Bayard - TSA 40020 - 93539 Aubervilliers CEDEX**

PAR INTERNET sur **librairie-bayard.com/abopri** (paiement 100 % sécurisé)

COORDONNÉES ☐ Mme ☐ M. Prénom

Nom A177649

Complément d'adresse (résid./esc./bât.)

N° et voie (rue/av./bd...)

Code postal Ville

Pays Date de naissance J J M M A A A A

Tél. E-mail

Pour recevoir la confirmation de votre abonnement, nos newsletters et correspondre avec vous par courriel

RENSEIGNEMENTS POUR LES ABONNEMENTS HORS FRANCE MÉTROPOLITAINE

		DOM-TOM & UE	AUTRES PAYS	BELGIQUE	SUISSE
Téléphone		(33) 174 311 501		02 808.09.85**	(022) 860 84 02
POCHE	1 an	62 €	68 €	Renseignez-vous sur les tarifs et abonnez-vous par téléphone	
	2 ans	111 €	123 €		
GRAND FORMAT	1 an	72 €	78 €		
	2 ans	121 €	133 €		

*Uniquement en France métropolitaine. Cette offre ne contient pas de cadeau. Joindre une photocopie de la carte d'étudiant.

**Appel gratuit